달러의 횡포

The Tyranny of the Dollar

달러의 횡포

ⓒ 이한결, 2023

초판 1쇄 발행 2023년 1월 31일

지은이   이한결
펴낸이   이기봉
편집   좋은땅 편집팀
펴낸곳   도서출판 좋은땅
주소   서울특별시 마포구 양화로12길 26 지월드빌딩 (서교동 395-7)
전화   02)374-8616~7
팩스   02)374-8614
이메일   gworldbook@naver.com
홈페이지   www.g-world.co.kr

ISBN   979-11-388-1606-9 (03340)

이한결 지음

달러의 횡포

The Tyranny of the Dollar

금융 패권의 숨겨진 이야기

좋은땅

부채 함정debt trap

2022년 한 해 동안 우리는 미국의 중앙은행이라고 할 수 있는 미국 연방준비제도이사회Fed의 급격한 이자율 인상 조치를 속절없이 바라만 보고 있을 수밖에 없었다. 현재의 글로벌 경제 상황은 1980년대와 90년대 신흥국 부채 위기를 상기시켜 준다. 2022년 미 연준 의장 제롬 파월 쇼크의 1980년대 버전version이라고 할 수 있는 볼커 쇼크Volcker Shock의 충격파로 많은 신흥 개도국들은 부채의 늪에 빠져 버리게 되었다. 1990년대에 대한민국도 1997년 IMF 구제 금융 신청이라는 수모를 겪었다. 미 연준의 긴축 정책은 약 2천 조에 상당하는 한국의 가계 부채, 영혼까지 끌어모아 레버리징(부채를 통한 투자)을 통해 아파트를 매수한 젊은 층, 외국에서 어렵게 공부하는 한국의 유학생들, 주식에 투자한 투자자들에게 공포 그 자체로 다가왔다.

미국의 이자율 상승은 사실상 한국 중앙은행의 이자율 상승으로 이어지고 있는 것이 현재의 글로벌 정치 경제 구조이다. 이러한 구조는 비단 우리나라에만 국한된 얘기가 아니다. 현재의 글로벌 정치 경제 구조는 미 달러에 기초한 금융 패권주의의 완전한 영향력하에 놓여 있다. 물론 이러한 금융 패권의 성채에 조금씩 균열의 조짐이 보이기 시작하는 것을 부인할 수 없으나 분명한 점은 세계의 거의 모든 나라들이 소위 강달러strong dollar로 인해 고통받고 있는 작금의 현실은 미국 금융 패권주의 칼날의 매서움을 여실히 보여 주고 있다. 워싱턴은 도대체 왜 지금 이 시점에서 이렇게 잔인하리만치 급격한 금리 인상을 단행하는 것일까? 미국의 금융 패권주의의 지난 반세기 역사를 되돌아보면서 우리는 이에 대한 해답을 찾을 수 있다. 이 책에서는 미국의 달러 패권의 초석이 어떻게 마련되었는지, 워싱턴은 어떤 방식을 통해 달러의 전 세계적 확산을 이끌어 냈는지, 2022년 중국 판다의 위협에 직면한 현재 어떠한 방식을 통해 달러 패권 유지를 위해 노력하고 있는지를 살펴볼 것이다.

목차

제1장

강달러의 힘은
어디에서 오는 것일까?

일반적으로 공업 중심의 선진국과 농업 중심의 후진국이 무역을 하면 선진국이 압도적으로 유리한 경쟁 우위competitive edge에 서게 된다. 영국은 최강의 선진 공업국이었음에도 불구하고 압도적으로 싼 가격으로 생산할 수 있는 청과의 무역에서 은화가 청으로 유출되는 엄청난 무역 적자를 기록하였다. 영국이 이러한 무역 역조를 만회하기 위해 고안해 낸 비열한 무역 수단이 아편 수출이었다. 마약에 중독된 청에서 아편 수요가 폭발적으로 증가하면서 이번에는 청의 은화가 영국으로 역류하기 시작했다. 신사의 나라 영국은 단번에 무역 역조를 극복했다. 1840년 6월 시작된 아편 전쟁에서 패배한 청은 난징 조약을 통해 홍콩을 영국에 넘겨주어야 했다. 2차 아편 전쟁 이후 영국과 프랑스는 심지어 아편 무역을 합법화한다는 조항까지 강요하면서 청나라 전체를 아편 소굴로 만들어 버렸다. 서구 제국주의 세력이 무역 역조를 만회하기 위해 동원했던 가장 비열한 수단으로 알려져 있는 아편 전쟁에도 불구하고 영국은 1·2차 세계 대전을 거치면서 대영제국의 영광을 미국에 넘겨주어야만 했다. 20세기 후반 초강대국의 지위에 오른 미국은 어떻게 무역 역조를 해결해 왔을까? 이에 대한 해답을 우리는 기축 통화의 속성에서 찾을 수 있다.

트럼프가 주장하는
무역 적자의 숨은 진실

2022년 전 세계는 달러 강세appreciation로 인해 엄청난 고통을 겪었다. 미국이 인쇄만 하면 세계 어디에서도 통용되는 달러의 힘은 도대체 어디에서 나오는 것일까? 시쳇말로 킹 달러 혹은 갓 달러god dollar로 불러지는 달러의 파괴적인 영향력은 세계의 기축 통화로서의 지위를 가지고 있기 때문이다. 미국은 기축 통화국의 지위를 이용해 마음대로 화폐를 찍어 내면서 신용 창출을 통해 끝없이 대외 적자를 메워 왔다. 기축 통화는 국제 무역의 결제나 금융 거래의 기본이 되는 화폐를 의미한다. 쉽게 말해 국가들이 무역을 하거나, 여행을 갈 때 우리가 가장 많이 사용하는 화폐가 달러라는 사실을 통해 우리는 그 지위를 확인할 수 있다. 그렇다면 기축 통화는 어떠한 이유에서 힘을 발휘하는 것일까?

국제 통화 다시 말해 기축 통화를 보유한 나라는 이를 통해 획득하는 경제적 이익을 의미하는 세뇨라지seigniorage 효과를 누리기 때문이다.

화폐 발행 비용과 교환 가치의 차액, 다시 말해 화폐 주조 이익을 세뇨라지라고 일컫는다. 이는 본래 중세 시기 자신의 영토에서 화폐 주조에 대한 배타적 독점권을 갖고 있던 봉건 영주seignior가 재정 적자를 메우려고 금화에 불순물을 섞어 유통한 데서 유래한 용어이다. 일국의 거시 경제학에서 세뇨라지 효과는 인플레이션 조세로 취급되는 반면에 글로벌 정치 경제에서 화폐 주조 이익은 패권과 직접적으로 연결되어 있다. 일국의 중앙은행은 추가 화폐 발행을 통해 화폐 가치 절하를 유도한다. 일정 시점에 화폐 발행량을 두 배 늘리면 화폐 실질 가치는 2분의 1로 줄어들기 때문이다. 쉽게 말해 어제 1만 원의 실질 가치를 가졌던 돈이 정부가 마구잡이로 화폐를 찍어 내는 바람에 그 가치가 절반으로 하락하게 되는 것이다. 정부가 하락한 가치만큼의 인플레이션 조세를 거두어 가는 셈이며, 국민들의 구매력은 그만큼 감소하게 된다.

이러한 경제 논리는 미국 달러에도 그대도 적용된다. 왜냐하면 미국 연방준비제도이사회Fed가 사실상 글로벌 경제의 중앙은행과 다름없는 역할을 하기 때문이다. 여기서 우리가 주목해야 할 부분은 국제적 측면에서 화폐 주조 이익이 막강한 힘을 발휘한다는 사실이다. 시쳇말로 천조국 미국이 강력한 군사력을 보유하고 지금까지도 금융 패권국의 지위를 바탕으로 글로벌 정치 경제를 주름잡을 수 있는 가장 큰 이유는 기축 통화라는 달러의 힘에 기반하고 있다. 중국의 국제금융학자 쑹훙빙은 자신의 저서 『화폐 전쟁currency wars』에서 미 달러 중심으로 구축된 국제 금융 질서의 민낯을 날카롭게 분석했다. 그는 1971년 닉슨이 달러를 금으로 교환하는 것을 정지한 닉슨 쇼크로 인해 글로벌 경제가 인류 역사상 처음으로 불환 지폐fiat currency, 다시 말해 신용 화폐의 시대로 진입하게 되었다고 진단했다. 글로벌 경제의 기축 통화의 담보물은 브레튼우즈 시스템에서 금이 그 역할을 하였으며, 1970년대부터는 석유가 금을 대신하였다. 불환 지폐는 20세기 중반 이전까지 금에 대한 태환이 보증되어 있던 태환 지폐의 반대의 의미를 지닌다. 금과 같은 실물real assets에 의해 뒷받침되지 않는 신용 화폐는 중앙은행이 화폐의 발행량을 마음대로 조정할 수 있기 때문에 경제에 대한 강력한 통제권을 가지게 된다.

화폐와 실물의 불공정 교환

닉슨이 종식시킨 브레튼우즈 시스템의 핵심적인 요소는 달러가 금 1온스 당 35달러로 교환되는 고정환율제도라는 점이다. 여타 국가들의 중앙은행은 이 가격으로 자신들이 무역을 통해 벌어들인 달러를 금으로 교환할 수 있는 시스템이다. 다시 말해 여타 국가의 통화도 달러와 고정된 환율을 유지하면서 자신들이 무역을 통해 획득한 국제 통화인 달러가 금이라는 실물에 의해 뒷받침되고 보장되는 체제였다. 그러나 닉슨이 여타 국가들이 무역을 통해 축적해 온 달러를 금으로 교환해 줄 것을 거부하면서 사실상 여타 국가들이 보유한 달러를 종이 쪼가리에 불과한 신세로 전락시켜 버렸다. 반면에 워싱턴은 이제 마음대로 달러를 찍어 낼 수 있는 힘을 얻게 되었다. 기축 통화를 보유한 나라는 무역 흑자를 지속할 수 없다. 경제학에서는 이를 '기축 통화의 딜레마'라고 부른다. 미국은 글로벌 역사에서 유례를 찾을 수 없을 정도로 오랜 기간 무역 적자를 유지해 왔다. 마치 무역 적자라고 하면 미국이 손해를 입고 글로벌 경제에 큰 기여를 하고 있는 것처럼 들린다. 그러나 이 이면에는 미국 주도의 금융 패권주의의 엄청난 진실이 숨겨져 있다. 국내 정치에서 엄청난 정부 부채 증가로 가장 큰 혜택을 보는 세력들이 정부 부채 증가로 한국 경제의 미래가 없다는 정치적 선전을 하면서 악어의 눈물을 흘리는 것과 다름없다.

기축 통화국인 미국이 시현하는 무역 적자를 쉽게 풀어쓰면 이렇게 표현할 수 있다. 미국 연준은 화폐 주조기를 돌려 찍어 낸 달러로 여타 국가들과 무역을 통해 이들 국가들이 만들어 낸 실물을 미국으로 가져가는 것이다. 달러 쪼가리를 찍어 내는 화폐적 현상이 실질적인 물건을 만들어 내는 실물 경제를 압도해 버리고 있는 것이다. 한국은 철강 원료를 수입하고 수많은 기술자들과 노동자들의 피땀 어린 노력으로 5만 불짜리 자동차라는 실물을 만들어 수출해야 하지만 미국은 화폐 주조기를 통해 100달러짜리 화폐를 500장만 찍어 내면 그만인 구조인 것이다.

이러한 무역을 통해 획득한 달러가 바로 한국, 중국 및 일본의 중앙은행이 보유하고 있는 외환 보유액이며 이게 바로 미국의 입장에서 무역 적자로 기록되는 것이다. 종이 쪼가리에 불과한 달러의 발행 비용을 제외하고 나머지 화폐 주조 차익, 다시 말해 미국을 제외한 여타 국가들이 만들어 낸 실물이 미국으로 유입되고 있으며, 바로 이러한 구조 속에서 워싱턴이 천 조의 국방비를 유지할 수 있는 것이다. 천조국 미국의 강력한 군사력 이면에는 기축 통화 달러의 힘이 뒷받침하고 있으며, 이는 동전의 양면과도 같이 움직이고 있다. 프랑스 드골 대통령은 이를 매우 부당한 이득이라고 규정했다. 그렇다면 미국은 어떻게 달러를 기축 통화의 지위에 올려놓았던 것일까? 이에 대한 해답을 찾기 위해 우리는 20세기 후반기 글로벌 정치 경제를 살펴볼 필요가 있다.

유한한 금과 미국의 무한한 욕망

　두 번에 걸친 세계 대전으로 권력의 중심축이 유럽에서 북미로 이전하게 된다. 전후 세계 경제 질서의 재편을 통해 새로운 국제 무역과 금융 체제를 만들기 위한 런던과 워싱턴의 한판 힘겨루기가 미국의 뉴햄프셔 주에 위치한 브레튼우즈에서 전개된다. 전후 경제 질서를 재편할 회의가 미국 땅에서 열렸다는 사실 자체가 이미 운동장이 미국 쪽으로 기울었음을 보여 주고 있다. 몰락해 가는 대영제국을 대표하는 경제학자 존 메이너즈 케인즈John Maynard Keynes와 떠오르는 부상하는 강대국 미국을 대표하는 해리 텍스터 화이트Harry Dexter White가 담판에 들어간다. 회담은 달러를 기축 통화로 하는 미국 안이 채택되게 된다. 설상가상으로 브레튼우즈 시스템의 양대 축의 하나인 IMFInternational Monetary Fund 본부마저도 중립적인 제3세계가 아닌 미국 정치 심장부 워싱턴에 위치하게 되면서 영국 대표 케인즈는 큰 충격을 받아 협정 체결 후 2년 뒤인 1946년 심장 마비로 사망했다는 후문이 있다. 실제로 케인즈의 우려는 현실이 되었음을 우리는 앞으로 살펴볼 글로벌 경제사를 통해 확인하게 될 것이다.

두 번의 세계 대전으로 유럽 국가들이 미국산 전쟁 물자를 구입하면서 전 세계 금의 70%가 워싱턴으로 흘러들어 가게 되었다. 기축 통화의 잠재력을 이미 잘 알고 있는 케인즈는 새로운 국제 통화를 창설하여 글로벌 기축 통화로 하자는 제안을 한다. 그러나 화이트는 전 세계 금의 3분의 2를 보유한 미국 달러만이 금과 연계해 새로운 기축 통화의 자격이 있다는 입장을 고수했다. 결국 새로운 세력 균형에 부합하여 결국 화이트 안이 채택되었다. 각국의 무역 거래는 달러를 중심으로 전개됐으며 여기서 벌어들인 달러를 미국에 제시하면 금으로 교환해 주는 달러 중심의 금환본위제도가 확립되었다. 다만 금 1온스 당 35달러로 교환 비율을 보장하고 각국 통화 가치를 달러의 1% 범위 내에서 연동시켰다.

그러나 금을 기반으로 하는 달러 중심의 기축 통화 체제에 균열이 발생하기 시작한다. 소위 '트리핀 딜레마Triffin's Dilemma'로 알려진 기축 통화의 모순이 현실화된 것이다. 기축 통화는 화폐의 유동성과 안정성이라는 두 마리 토끼를 동시에 잡을 수 없음을 의미한다. 무역 촉진을 위해 달러를 많이 찍어 내면 달러의 신뢰성이 저하되고 반대로 달러 가치의 안정성만을 고집할 경우 통화의 유동성 저하로 국제 무역은 위축될 수밖에 없는 것이다. 1960년대 유럽과 일본이 보유한 달러 자산 총액이 미국이 보유한 금을 초과하기 시작한다. 즉 과잉 유동성으로 달러의 신뢰성에 금이 가기 시작한 것이다. 미국의 금 태환 능력에 의구심이 들면서 국제 금값이 급등하기 시작하자 미국의 금이 빠져나와 유럽으로 유입되기 시작했다.

설상가상으로 금환본위제임에도 불구하고 미국이 암암리에 달러 발행을 남발한 사실을 인식한 유럽 국가들이 반기를 들기 시작했다. 프랑스 드골 대통령은 1964년 IMF 연례총회에서 '특별 인출권SDR:special drawing rights'을 만들자고 제안하나 미국은 즉각 거부하였다. 이에 프랑스가 자국이 보유하고 있던 달러를 금과 바꿀 의도를 내비치자 워싱턴은 결국 드골의 특별 인출권 창출에 동의했다. 1965년 케네디를 승계한 미 대통령 린든 존슨은 베트남 전쟁의 수렁에 더 깊이 빠져들게 된다. 1960년대 미국의 금 보유는 전 세계 금의 절반에 불과한 반면 1971년 달러 통화량은 10%나 늘어나게 되었다. 이에 서독이 브레튼우즈 체제 탈퇴를 시작으로 유럽의 국가들이 달러와 금 태환을 본격화하게 된다. 심지어 영국은 자그마치 30억 달러를 금으로 바꿔 달라고 요구하자, 미국은 1971년 8월 15일 달러와 금의 교환을 일방적으로 중단하는 '닉슨 쇼크Nixon Shock'를 단행한다.

페트로 달러petro-dollar:
달러 팽창 시대의 초석

닉슨 쇼크로 인해 미국을 제외한 여타 국가들이 금과의 교환권으로 믿어 왔던 달러와 그 달러에 연동되어 있던 전 세계 화폐가 모두 종잇조각에 불과한 위치로 전락하게 된 것이다. 이로 인해 세계 경제는 극심한 혼란을 겪게 됐다. 워싱턴은 닉슨 쇼크 이외에도 한 발 더 나아가 모든 수입품에 대해 10% 관세를 부과하는 보호 무역 조치를 취하였으며, 달러의 평가 절하devaluation를 단행하여 금값을 온스당 기존의 35달러에서 38달러로 변경하는 전형적인 '인근 궁핍화 전략Beggar thy neighbour'을 채택했다. 다른 나라의 경제를 희생시키면서 자국의 경기 회복을 도모하려는 보호주의 정책인 것이다.

무리하게 남발된 달러의 가치를 조정하기 위한 요구가 빗발쳤다. 워싱턴은 수출 흑자국에 대해 달러 대비 이들 흑자국 통화의 평가 절상을 요구한 반면 여타 국가들은 자국의 통화 가치를 유지하고 달러의 가치를 내리라는 달러 평가 절하로 맞받아쳤다. 닉슨 쇼크의 해결을 위해 미국 주도로 1971년 12월 워싱턴 스미소니언 박물관에서 스미소니언 협정Smithsonian Agreements이 체결된다. 달러의 평가 절하와 여타 국가 통화의 평가 절상, 환율 변동 폭을 기존 1% 내외에서 2.25%로 확대하는 것을 골자로 하였다. 그러나 달러 가치 하락을 막을 수는 없었다. 1972년 달러 가치가 또다시 금 1온스당 42.22 달러로 평가 절하됐다. 미국의 일방적인 자국 통화 평가 절하를 버티지 못한 많은 국가들이 결국 고정환율제도를 폐기하고 변동환율제도를 채택했다. 이것이 1976년 자메이카의 킹스턴에서 출범한 킹스턴 체제Kingston system이다.

1971년 8월 15일 선포된 닉슨 쇼크의 본질은 워싱턴이 자국 이익 중심주의로 방향을 전환했다는 것을 의미한다. 점점 더 깊은 수렁으로 빠져드는 베트남 전쟁이 초래한 금융 혼란으로 달러의 가치는 지속적으로 하락했으며, 미국은 여타 국가들로부터 점증하는 금 태환 요구에 직면하게 되었다. 닉슨 쇼크의 배경과 여파를 다룬 『캠프 데이비드에서의 3일Three Days at Camp David』의 저자 제프리 가튼Jeffrey E. Garten 예일 경영대 명예학장은 워싱턴이 마셜 플랜의 사고방식이 종식되었다는 것을 깨달은 시점이 바로 1971년이라고 평가했다.[1][2] 더 이상 타국을 위해 자국 경제를 희생하지 않겠다는 것이다. 미국은 한 걸음 더 나아가 1973년 제4차 욤 키프르Yom Kippur 중동 전쟁이 초래한 경제적 불확실성 해소와 기축 통화로서의 달러에 대한 신뢰 회복이라는 두 마리 토끼를 동시에 잡기 위해서 1974년 미-사우디 군사/경제 협정을 체결한다.

미국은 사우디 왕가를 보호하고, 사우디는 중동 원유 대금 결제를 달러로 한다는 밀약을 체결한다. 1975년 석유수출국기구OPEC도 달러로만 원유 대금을 결제하는 것에 동의하게 된다.

쉽게 말해 금본위제도하에서의 금의 자리를 원유가 대체하게 된 것으로 전 세계 모든 나라가 원유를 사기 위해 달러를 비축해야만 하는 것이다. 다시 말하면 페트로 달러 체제는 달러 패권의 반석이었던 것이다. 두 차례의 오일 쇼크 이후 엄청나게 늘어난 달러 수요에 부응하기 위해 워싱턴은 아무런 거리낌 없이 달러를 찍어 수출할 수 있게 되었다. 달러가 이제 금이 아닌 석유와 연계되어 기축 통화의 지위를 유지할 수 있게 된 것이며, 영국 파운드, 일본 엔화 및 프랑스의 프랑은 원유 시장에서 퇴출됐다. 미국이 석유 수입을 위해 지출한 달러가 중동 산유국들의 미 재무부 채권 매입과 미국산 무기 구매를 통해 자국으로 다시 환원되면서 미국의 패권을 공고히 하는 팩스 아메리카Pax-America 시대의 토대가 견고하게 구축된 것이다.

제2장

달러는 어떻게 영토를
확대해 왔는가?

19세기 서구 자본이 동남아시아, 아프리카, 남아메리카 지역을 휩쓸면서 이 지역은 그야말로 쑥대밭이 돼 많은 현지인들이 삶의 터전을 상실하게 된다. 주식인 곡물을 재배해야 할 농경지는 플랜테이션 plantation 농법을 통한 환금 작물cash crop 재배를 위해 희생된다. 21세기 초반 서아프리카 지역은 세계에서 가장 빠르게 기근을 경험하는 지역이 된다. 주요 원인은 과거 주식을 생산해야 할 농경지에 커피, 설탕, 담배, 땅콩 등 기호 식품을 재배했기 때문이다. 더 극단적인 케이스는 기아로 고통받는 여러 대륙에서 대량의 옥수수가 생산된다는 것이다. 스위스 사회학자 장 지글러Jean Ziegler는 자신의 저서『왜 세계의 절반은 굶주리는가Betting on Famine: Why the World Still Goes Hungry』,『탐욕의 시대L'empire De La Honte』 등의 저서를 통해 기근은 다국적 자본이 제3세계 민중들을 착취하는 사회 구조적인 악에 의해 발생하며, 노동자의 인권이 자본에 의해 악화되고 있다는 사실을 논증하였다.

수많은 다국적 기업들이 바이오 연료를 개발하기 위해 아프리카에서 옥수수를 재배하기 시작한 바이오 열풍은 야만적 자본주의savage capitalism의 전형을 보여 주고 있다.[3] 역설적이게도 현지 사람들은 이 옥수수를 주식으로 할 수 있음에도 불구하고 그렇게 하지 못한다. 왜냐하면 옥수수 재배를 위해 투입된 서구의 자본은 여기서 생산된 옥수수로 소를 길러 팔면 더 많은 돈을 벌 수 있기 때문이다. 현재 지구에서 생산되는 전체 곡물의 25%는 인간이 아닌 소가 소비하는 것으로 알려져 있다. 이러한 약탈에 필요한 자금을 지원하는 세계은행, 유럽투자은행 및 아프리카개발은행의 논리는 아프리카 농부들의 생산성이 턱없이 낮기 때문에 효율적인 생산성을 보유하고 있는 약탈자에게 맡기는 것이 더 좋다는 것이다. 그러면서 노동 착취에 동원된 현지 농부들에게 약속한 급여는 2유로에도 미치지 못하는 관용을 베풀고 있다고 고발했다.

야만적 자본주의savage capitalism

"자본capital은 한편으로는 상호 작용 즉, 거래에 걸림돌이 되는 공간의 장벽을 허물고 자신의 시장을 위한 전 세계 정복을 시도하지만, 다른 한편으론 시간이 지나면서 이러한 공간을 전멸시키게 된다. 다시 말해 한 곳에서 다른 곳으로 이동하는 데 걸리는 시간을 최소화하려고 한다. 자본이 더욱 발달할수록, 자본이 순환되는 시장은 더욱 확대되게 되며, 이는 자본 순환을 위한 공간적 궤도를 형성한다. 자본은 이와 동시에 시간이 흐르면서 자신이 순환하는 공간 그 자체의 전멸 심화를 시도하게 된다."[4] 카를 마르크스Karl Marx는 자신의 저서 『정치경제학 비판 요강Grundrisse』에서 자본의 국제화와 그 여파를 이처럼 간결하게 규정했다. 금융 자본주의의 폭력성과 미 패권주의의 횡포라는 이중고에 시달리고 있는 21세기 초입의 글로벌 경제는 마르크스의 자본론이 현실이 됐음을 증명해 주고 있다. 자본의 이러한 팽창 욕구와 폭력성은 미국 주도의 패권적 금융 질서와 결합되면서 미국을 제외한 이외의 지역에서 재난적인 결과들을 초래해 왔음을 글로벌 정치 경제 역사가 보여 주고 있다.

1980년대 중남미 부채 위기

연평균 28조 5천억 달러 상당의 글로벌 무역 거래의 40%가량이 달러로 거래되고 있는 세계 경제에서 달러 가치 상승, 다시 말해 세계 각국의 환율 상승은 여러 가지 파괴적인 결과를 초래하고 있다. 식료품 수입 가격 상승을 유발하고, 전 세계 빈곤을 심화시키며, 채무 불이행debt default을 불러오고, 정부를 무너뜨리고, 여러 금융 시장의 주식과 채권 투자자들에게 손실을 안겨 주고 있다. 여기서 특히 우리가 주목해야 할 부분은 바로 채무 불이행 사태이다. 2022년 중반부터 본격화된 미 연준의 고금리 정책은 강달러를 초래하고 있으며, 이는 단순히 경제적인 손실을 넘어 중요한 지정학적 함의도 내포하고 있다. 2022년 스리랑카 정부 붕괴는 시작에 불과하며, 곳곳에서 더 파괴적인 결과가 초래될 수 있다. 향후 글로벌 정치 경제가 어떠한 방향으로 전개되는지를 예측하고 준비하기에 앞서 우리는 2022년의 상황과 매우 유사한 흐름을 보인 1980년대 세계 경제 상황, 그중에서도 특히 개발도상국 부채 위기를 살펴볼 필요가 있다.

과잉 저축savings glut과 유로 달러Eurodollar

달러의 신용 위기를 극복하게 해 준 페트로-달러 시스템이라는 강력한 금융 패권의 무기를 장착한 미국은 이제 아무런 제약 없이 전 세계에 달러를 살포하기 시작했다. 땅속에서 석유가 뿜어져 나오는 만큼 미국의 그린백은 세계의 구석구석으로 침투하기 시작한 것이다. 특히 1973년과 1979년 2번의 석유 파동이 가져다준 노다지로 세계 경제는 과잉 저축의 상태에 빠졌다. 당시 석유 수출국들은 산더미처럼 축적한 달러의 판로를 찾지 못해 고심했다. 이들 국가들의 소규모 경제는 당시 막대한 달러의 투자처가 되기에는 역부족이었다. 한편 두 번의 오일 쇼크로 인해 두 자릿수를 기록한 미국의 인플레이션은 석유 수출국들이 이윤 창출 수단으로 활용하기를 원했던 달러 보유고의 가치를 절하시켰으며 석유 수입국들은 끊임없는 유가 상승으로 심각한 무역 적자에 시달렸다.

이런 상황은 당시 한창 팽창하던 유로 달러(미국 외 국가 소재 은행에 예치된 미국 달러화를 지칭) 시장의 역외 금융에 뜻밖의 호재로 작용했다. 런던에 위치한 미국과 유럽의 대형 은행들로 구성된 유로 달러 시장에서는 국가 차원의 규제를 교묘히 피해 가며 전 세계적으로 달러화 예금과 대출을 취급할 수 있었다. 미국의 경우 당시 뉴딜 정책을 계승한 예금 최고 금리 제한 규정인 '레귤레이션 큐Regulation Q'를 실행해 자국 은행들이 인플레이션을 고려한 실질 이자율을 낮게, 심지어 마이너스로 유지시켰다. 유로 달러 시장은 해외에서 발행한 채권에도 세금을 부과하는 미국의 과세 제도를 피하고, 미국의 채권자들이 국내에 달러를 투자하기 어렵게 만들었던 이자 소득 과세도 우회할 수 있도록해 주었다. 따라서 미국 은행들은 유로 달러 시장에서 영국 중앙은행의 축복과 미연방준비제도이사회의 배려를 누리며 전 세계의 투자 기회를 활용해 더 높은 수익을 고객들에게 보장할 수 있었다. 이 고객들에는 산유 왕정 국가뿐만 아니라 인플레이션이 유발한 미국의 저금리 또는 마이너스 금리에서 벗어나고 싶었던 미국의 부유한 예금가도 포함됐다.[5]

산업화와 경제 회복 의지, 권위주의적인 정권의 탐욕 때문에 개발도상국의 자금 조달 수요는 무한해 보였다. 은행들은 개발도상국 정부들이 손쉽게 빌릴 수 있는 돈의 유혹에 굴복하게 만들었다. 1970~1980년, 개발도상국이 대형 국제은행에서 빌린 금액은 38억 달러에서 1,280억 달러로 33.7배 수준으로 증가했다.[6] 이는 1980년대 개발도상국이 과도한 부채로 대규모 위기를 겪는 발단이 됐다. 1970년대 중남미 국가들은 해외 자본 유치를 통해 급속한 경제 성장을 이룩했다. 그러한 대외 차입의 확대는 대외 채무의 급격한 증가로 이어졌으며, 볼커 쇼크와 같은 외부의 강력한 충격이 가해지자 경기는 침체되고 이에 따라 대외 채무를 상환하기 힘든 지경에 이르게 되었다. 엄청난 대외 채무 부담 상황에서 중남미 국가들은 석유 파동에 따른 국제 원자재 가격 상승, 아시아 시장의 부상으로 인한 경쟁 국가의 등장이 초래한 교역 조건 악화 등 여러 가지 외부적 악재가 겹치면서 대외 채무에 대한 원리금 상환에 어려움을 겪고 있었다.

이와 같은 상황에서 워싱턴이 두 자릿수 인플레를 억제하기 위해 급격한 이자율 인상을 단행한 볼커 쇼크는 이들 중남미 국가들에게 결정적인 타격을 가하게 된다. 중남미 경제의 미래에 대한 신뢰를 상실한 해외 투자자들이 자본을 회수해 감에 따라 이들 국가의 통화는 절하(이들 국가의 달러 대비 환율의 상승을 의미)되면서 결국 채무 상환 불능 상태에 처하게 된 것이다. 중남미는 1980년대 외채 위기로 인해 IMF와 세계은행의 관리 체제하에서 구조 조정이 강행됐다. 이 지역의 1인당 국내 총생산 성장률은 1960~1979년 동안 80%에서 1980년~1999년 사이 11%로 급격히 꺾였고, 빈곤선 이하에서 생활하는 인구는 1980년에 약 1억 2천만 명에서 2004년에는 2억 1천만 명으로 거의 2배로 증가했다.[7]

볼커 쇼크 Volcker Shock

금융 위기는 은행이 매우 빨리 너무 많은 여신을 창조하는 것부터 시작된다. 이러한 자금은 부동산 가격을 끌어올리고 자본 시장에 투기를 조장하여 궁극적으로 내부 혹은 외부 충격이 찾아오면서 금융 위기가 발생하게 된다. 은행은 경기 활황기에 자금을 회수할 수 있다고 확신하기 때문에 자금을 대여해 준다. 그러나 경기가 위축되기 시작하면 은행은 새로운 여신 창조를 제한한다. 그리고 가계와 기업은 기존 대출금에 대한 원리금을 계속 상환해야 한다. 이렇게 되면서 경제에서 돈은 파괴되고 사라지게 된다. 다시 말해 경제의 자금 흐름이 원활하지 못하는 신용 경색credit crunch 발생한다. 현대 경제에서 은행에서 새로운 자금 차입은 신용(화폐) 창조로 이어지는 반면에 은행 차입금의 상환은 경제에서 신용의 감소로 이어진다. 은행이 자금을 대여하고 가계와 기업 등 경제 주체들이 이를 상환하는 행위는 현대 경제에서 은행 여신이 창조(경제에 화폐를 공급한다는 의미)되고 파괴되는 가장 중요한 방식이라고 할 수 있다. 미국 연방준비제도이사회는 사실상 세계의 중앙은행이라고 할 수 있기 때문에 이 기관의 이자율 인상 조치는 미국 국내 경제뿐 아니라 글로벌 경제에도 직접적인 여파를 몰고 온다.

수많은 비산유국들이 국제 상업 은행들로부터 대규모 차입을 할 수밖에 없었던 상황으로 내몬 1970년대 두 번의 오일 쇼크, 그리고 선진 산업국들이 인플레 억제를 위해 단행한 금리 인상 조치는 국제 부채 위기로 이어졌다. 1970년대 서구 상업 은행들은 산유국들의 예치금을 통해 비산유국과 개발도상국들에게 수십억 달러의 '리싸이클드 페트로 달러recycled petro-dollar(석유 수출로 벌어들인 달러가 산유국들의 국제적 소비나 투자를 통해 원유 수입국으로 유입된다는 의미)'를 여신으로 제공했다. 1978년부터 미국의 인플레이션이 본격화되기 시작했다.

아랍석유수출국기구가 1973년 욤 키푸르 전쟁에서 이스라엘을 지원한 국가에 대한 석유 금수 조치를 선언하면서 유발된 1973~74년 석유 위기 때문이다. 석유 금수 조치가 종료된 1974년 3월경 국제 유가는 배럴당 3달러에서 12달러로 상승해 4배인 300% 인상이라는 기록적인 수치를 보였다.

아랍 석유 금수 조치는 1974년 종료되었지만, 1979년 이란 이슬람 혁명이 발생하면서 고 인플레이션은 지속되게 된다. 미국 지미 카터 대통령은 1979년 7월 25일 미 연준 의장에 폴 볼커Paul Volcker를 임명했다. 그가 취임하던 1980년 3월 미국의 인플레는 14.8% 수준으로 고공비행을 하고 있었다. 2022년 9월 미국의 인플레이션이 9% 전후에서 형성되고 있는 것과 비교하면 그 수준을 가늠할 수 있을 것이다. 볼커는 1979년 11.2% 수준의 미 이자율을 1981년 6월 20%까지 인상했다. 공격적인 긴축으로 미 달러는 1980~1984년 사이 26% 평가 절상appreciation돼 2022년과 같이 강달러가 됐다. 다른 국가들의 입장에서 달러의 가격이 그만큼 비싸졌다는 것을 의미한다.

미 이자율이 인상되고 달러가 강세를 띠면서, 지난 10여 년간 엄청난 규모의 달러화 부채를 차입했던 많은 중남미 국가들은 하루아침에 부채 원리금을 상환할 자금이 없는 상황에 내몰리게 되었다. 부채 위기가 발생한 것이다. 그 여파는 멕시코를 시작으로 브라질 아르헨티나로 번졌다. 1982년 8월 멕시코는 채무 불이행 상황 디폴트를 선언한 반면에 칠레는 대규모 경제 위기를 겪으면서 IMF 구제 금융bail-outs을 신청해야만 하는 처지에 몰리게 되었다. 요컨대 1980년에서 1984년 사이 미국 달러는 약 26%의 평가 절상을 경험하게 된다.[8] 이는 1980-82년 미연방준비제도 이사회 의장 폴 볼커의 긴축 통화 정책tight monetary policy과 1982~84년 기간 로널드 레이건 행정부의 확장적 재정 정책 expansionary fiscal policy의 효과가 결합해서 나타난 현상이다. 이로 인해 미국의 장기 금리가 상승하여 북미로 자본이 유입되면서 미 달러의 가치가 상승하게 된 것이다.[9]

플라자 합의Plaza Accord

페트로 달러와 미 헤게모니는 동전의 양면을 형성해 왔다. 사우디는 1975년 미국과의 무기 계약을 통해 당시 약 20억 달러 규모의 전투기 60여 대를 구매했다. 더 나아가 당시 중동 지역 최대의 친미 국가인 이란 레자 샤 왕조는 제1차 석유 파동이 가져다준 노다지를 바탕으로 급속한 군사 현대화에 착수하게 되며, 엄청난 규모의 예산을 미국산 무기 구매에 사용하는 등 1974년 국방 예산이 전년도 대비 10배 이상 증가하였다.[10] 페트로 달러 체제가 안정적으로 자리를 잡아가고 있는 것과 동시에 1979년 이란 혁명이 초래한 제2차 석유 파동이 불러온 전 세계적인 달러 수요 폭증 사태는 달러 패권 체제의 공고함을 증명해 주는 듯했다.

무제한의 달러 공급에 뒤이은 급격한 달러 자금 회수를 통해 자신들이 꿈꾸는 금융 패권주의의 뒷마당이라고 할 수 있는 중남미 지역을 석권한 워싱턴은 이제 자국 경제의 강력한 경쟁 세력으로 부상하고 있는 국가들로 과녁을 집중하게 된다. 1982년 미국 경제 위기를 초래한 강달러 현상에 직면해 당시 로널드 레이건 미 대통령은 미국 달러를 다른 각도에서 바라보기 시작한다. 그 결과 만들어진 것이 플라자 협정으로 선진 5개국 일본, 독일, 프랑스, 영국 및 미국이 달러 약세 유도를 위해 금융 시장에 개입하기로 합의한 것이다. 미국이 페트로 달러 헤게모니 강화를 위해 다자적 절차에 돌입한 것이다. 한국에게는 큰 기회로 다가온 소위 1980년대 중반 이후 '3저 호황(저유가, 저금리, 저달러)'의 초석을 다지는 협정이 된다.

제1차 유가 쇼크에 이은 제2차 석유 파동이 불러온 극심한 인플레이션에 대응하고자 한 볼커 쇼크로 인해 달러 가치의 폭등 사태가 발생하게 된다. 미국의 재정 및 무역에서의 쌍둥이 적자twin deficits에도 불구하고 레이건 행정부 기간인 1980~85년 사이 미 달러화는 파운드, 마르크화, 프랑 및 엔화 대비 약 50% 이상 고평가 되었다. 저렴한 외국산 제품의 유입으로 인한 무역 적자 규모만 약 1300억 달러에 육박했다. 워싱턴은 동맹국들을 압박하여 1985년 9월 뉴욕 플라자 호텔에 독일, 프랑스, 일본 및 영국 재무장관과 중앙은행 총재를 불러들여 국제 통화의 안정적 체제 유지를 위한 명분을 내걸고 이른바 '플라자 합의Plaza Accord'를 이끌어 낸다. 소위 과도한 달러의 가치를 하락시키고 독일 마르크화와 일본의 엔화 가치를 높이는 정책으로 표면적으로는 합의했다고는 하나 실질적으로는 강요한 것이다. 그 이후 엔화 강세를 무기로 도쿄는 미국 자산 매입을 자랑했지만, 통화 가치 상승으로 인한 수출 경쟁력 약화와 부동산 버블 붕괴의 여파로 1990년대 '잃어버린 10년'의 고통을 감내해야 했다. 소련의 붕괴로 글로벌 초강대국으로 등극한 미국은 신자유주의neo-liberalism를 무기로 금융 자본주의 국가로의 변신을 통해 전 세계를 구석구석 침투하며 기축 통화의 지위를 더욱 공고히 한다.

마지막 국제 협조 체제

1980년대 초반 대규모 재정 투자와 급속한 통화 긴축 정책이 결합하여 달러 초강세를 유발하였다. 레이건 경기 부양을 위해 대규모 감세 조치를 취하면서도, 미 연준은 1981년 19%에 달하는 급속한 인플레이션을 억제하기 위해 이자율을 인상했다. 반면 일본 중앙 은행과 독일 도이치 분데스방크는 오히려 이자율 인하 정책을 단행했다.[11] 이로 인해 1980년대 초반 달러는 여타 주요국 통화 대비 50% 이상 평가 절상되었다. 플라자 합의에 따라 달러 약세를 유도하기 위해 달러를 시장에 매도하면서 달러 약세를 인위적으로 만들어 낸 것이다. 2022년 현재 우리는 1980년대 초반 미국이 시행했던 비슷한 재정 및 금융 정책과 유사한 상황에 처해 있다. 코로나 팬데믹 대응을 위해 바이든은 미국 구조 계획American Rescue Plan이라는 대규모 확장적 재정 정책을, 미 연준은 이자율 인상을 단행하면서, 양적 긴축quantitative tightening 정책을 실시했다. 달러의 안전 투자처로서의 위치가 더해져 강달러 현상이 초래된 것이다. 1980년대와 2022년의 큰 차이점이라면 레이건 행정부 시절 미국의 금융 패권주의는 이제 막 태동하고 있던 시기에 불과했으나, 2022년 글로벌 경제 질서는 미국 달러 패권주의의 완전한 지배하에 시름하고 있다는 점이다.

1985년 플라자 합의에서 일본 대장성 국제금융국장의 실무를 담당했던 토요오 교텐Toyoo Gyohten은 니케이 아시아Nikkei Asia와의 인터뷰에서 "일본은 플라자 합의가 가져올 여파를 감당하기에 준비가 되어 있지 못했다."고 평가했다.[12] 동 합의로 일본 엔화는 급격한 평가 절상으로 이어져, 버블 경제를 형성하고, 궁극적으로는 디플레이션 장기화를 초래하는 부작용을 가져왔다고 토요오 교텐은 평가했다.[13] 지배적인 경제 대국으로서의 미국의 위상이 하락하는 때에, 주요 선진국들이 국제 경상 수지 불균형을 환율 조작을 통해 시정한 플라자 합의는 G-5(미국, 영국, 독일, 프랑스, 일본)가 금융 정책 협력을 위한 틀을 만들어 낸 마지막 협조 체제였다. 플라자 합의 이후 선진 산업국 간의 진지한 정책 협력은 부재해 왔다. 이는 소련의 붕괴로 초강대국으로 부상한 미국이 여타 선진국들과 금융 협력을 할 필요성을 더 이상 느끼지 못했기 때문이다. 미국은 '워싱턴 컨센서스Washington Consensus'로 대변되는 강력한 신자유주의를 무기로 전 세계를 달러 금융 시스템의 속박에 가두기 위해 차근차근 세계의 구석구석을 경제적·금융적으로 정복해 가기 시작한다.

신자유주의와 세계화

1991년 제1차 걸프 전쟁 시 최첨단의 군사 무기들을 전 세계에 생방송하면서 미국의 강력한 이미지를 구축한 워싱턴은 그해 12월 소련 연방이 해체되면서 20세기 유일 초강대국의 타이틀을 거머쥐게 된다. 이제 워싱턴은 달러 금융 패권주의의 팽창과 확대를 위한 계획을 더욱 본격화해 나간다.

전환점turning point

1980년대 이래 계속된 세계화의 초기 흐름 속에서 1978~80년은 글로벌 사회 경제 역사에서 혁명적인 전환기로 기록될 것이라고 하비Harbey는 주장한다. 1978년 덩 샤오핑Deng Xiaoping은 세계 인구의 25%를 차지하는 중국의 공산주의 지배 경제를 자유화하기 위한 중대한 조치를 단행했다. 덩 샤오핑이 추구한 길은 향후 20년 이내에 중국을 폐쇄된 오지에서 인류 역사상 유례를 찾아보기 어려운 경제 성장률을 지속하는 자본주의 역동성의 개방된 중심지로서의 입지 구축을 모색한 것이었다. 다음 해인 1979년 5월 영국 마가렛 대처Margaret Thatcher가 영국의 총리 자리에 오르며, 그 뒤를 이어 1980년 로널드 레이건Ronald Reagan이 미국의 대통령으로 당선된다. 온화함과 카리스마로 무장한 레이건은 미국을 노동 세력 억제, 산업, 농업 및 천연 자원 추출 부문에서 탈규제화하고 국내외적으로 자본에 가해진 멍에yokes를 완전히 걷어 내면서 미국을 완전히 새로운 길에 올려놓는다.

이러한 진원지를 중심으로 혁명적인 충격파가 퍼지기 시작하여 전세계로 반향하면서 글로벌 경제를 재편하기 시작했다. 바로 신자유주의 neo-liberalism라는 이름의 지배적인 지도 원칙이 글로벌 경제를 엄습하게 되었다고 데이빗 하비David Harvey는 평가한다.[14] 하비는 미국과 영국의 자본가 계급들이 친기업가적 성향의 지식인들과 함께 국제 금융기구를 수단으로 하여 강력한 메시지를 주조해 냈다고 주장한다. 다시 말해 시장 경제의 적은 국가의 개입state intervention이며, 국가는 사회경제적 필요를 해결하도록 시장이 자유롭게 작동하도록 하여야 한다는 것이다.[15]

신자유주의는 강력한 사유 재산권, 자유 시장 및 자유무역으로 특징지어지는 제도적 틀 속에서 개인의 기업가적인 자유와 재능의 자유화를 통해 인간의 복지가 가장 잘 실현될 수 있다는 정치 경제의 관행에 관한 이론이다. 따라서 경제에 대한 국가의 개입은 최소화되어야 하며, 탈규제, 민영화 및 보건, 공교육 및 사회 서비스 제공 등 여러 분야의 복지 제공에서 국가 역할의 후퇴가 주창되었으며, 개인의 책임을 강조하는 시스템에서 사회 안전망은 최소한의 수준으로 축소되게 된다. 시장에서 개인의 자유가 보장되기 때문에 개인은 자신의 행위와 복지에 대해 전적인 책임을 지게 된다. 다시 말해 개인의 빈곤, 무능 및 경제적 불평등은 한 국가 경제의 구조적 모순이 아닌 개인적인 차원의 문제로 치부되어 버린 것이다.

워싱턴 합의Washington Consensus

스위스 사회학자 장 지글러Jean Ziegler는 자신의 저서 『왜 세계의 절반은 굶주리는가?』에서 워싱턴 합의를 미국과 국제 금융 자본이 미국식 시장 경제 체제를 개발도상국의 발전 모델로 삼도록 하자고 한 합의라고 규정했다. 그러나 글로벌 정치 경제의 역사는 워싱턴 컨센서스로 쓰고 워싱턴 명령Washington Diktat으로 해석해야 함을 증명해 주는 듯하다. 워싱턴 컨센서스는 구체적으로 미국 수도 워싱턴에 본부를 두고 있는 국제통화기금IMF, 세계은행World Bank 및 미 재무부가 위기에 처한 개발도상국을 위해 제시하는 표준적인 개혁안standard reform package을 구성하고 있는 10개 항목의 경제 정책 처방을 의미한다. 소련 연방 해체로 워싱턴은 국제통화기금, 세계은행 등과 함께 글로벌 경제를 미국식 시장 경제 구조로의 전환을 모색하였다. 그 주요한 수단이 바로 사유 재산권 보호, 정부 규제 축소, 국가 기간 산업 민영화, 외국 자본에 대한 제한 철폐, 무역 자유화와 시장 개방, 경쟁력 있는 환율 제도의 채용, 자본 시장 자유화, 관세 인하와 과세 영역 확대, 정부 예산 삭감, 경제 효율화로 이루어진 10개 항목을 의미한다. 이 중에서도 미국의 금융 패권주의 확립에 가장 중요한 항목은 외국 자본에 대한 제한 철폐와 자본 시장 자유화가 핵심이라고 할 수 있다. 1990년대 한국 정부는 순진하게 세계화globalization를 부르짖다가 1997년 IMF 구제 금융 신청이라는 수모를 겪어야 했다. 러시아도 이러한 흐름에 휩쓸려 경제 구조의 심각한 왜곡이 초래되었다.

러시아 신흥 재벌 올리가르히oligarchy

1990년대 초 러시아가 도입한 경제 자유화의 첫 수혜자였던 신흥 재벌 '올리가르히'는 소련 붕괴 후, 특히 1990년대 신속한 시장 경제 도입과 재산 사유화를 목적으로 추진했던 민영화 과정에서 막대한 부를 축적했다. 당시 미국 경제 자문과 IMF가 부추겼던 '충격 요법'은 러시아에 밝은 미래를 약속했다. [16] 공산주의 몰락의 주도자로 추앙받던 보리스 옐친 당시 러시아 대통령은 민영화를 통해 극소수가 백만장자가 되는 게 아니라, 수백만 국민이 재산을 사유하게 될 것이라고 장담했다. [17] 그러나 마르크스주의를 역행하는 이 시도로 인해, 일부만 부자가 됐고, 대다수의 러시아 국민은 훨씬 가난해졌다. 빈부 격차가 심화된 것이다. 구소련 시대에 가장 부유한 사람의 자산이 가장 빈곤한 사람보다 6배

가 많았던 반면 2000년에 이 격차가 무려 25만 배로 벌어졌다.[18]

이후 옐친의 지지율은 급락했지만 1996년에도 기업인 보리스 베레좁스키를 비롯한 1세대 올리가르히의 지지를 받아 재선에 성공했다. 그 다음 해 바로 러시아 억만장자 4명이 〈포브스〉의 부호 명단에 들어갔다. 1998년 경제 위기와 러시아 모라토리엄 선언 이후 올리가르히는 재정 상태가 악화된 정부의 보호자 역할을 하게 됐다. 소설가 조지 오웰의 말을 빌리면, 혼돈과 금융 범죄는 평등, 개혁, 시장과 같은 허울 좋은 말로 포장된다. 프린스턴 대학 스티븐 F. 코헨 교수는 미국 경제 자문들이 정부, 싱크탱크, 대학 등 러시아 신흥 엘리트 집단에 끼친 악영향에 관한 연구에서 바로 이 '말장난'이 눈을 가렸다고 지적했다.[19] 러시아에서 국부를 거덜 낸 사기는 '개혁'으로 평가받았고 마피아 조직 같은 시스템을 '시장'이라 불렀으며 화폐 개혁, 물물 교환, 지하 경제는 '통화주의' 정책이, 그리고 돈세탁 기지는 '은행'이 됐다. 그리고 이 은행이 헐값에 공공 자산을 넘겨받는 독특한 조건으로 정부에 제공하는 대출을 '민영화'라고 칭했다. 러시아는 국제금융권에서 '가장 성공적인 신흥 시장'으로 칭송받았다. 1999년 병세가 약화된 보리스 옐친은 소련 국가보안위원회KGB 간부였던 블라디미르 푸틴을 후계자로 지명했다.[20]

1994년 영국 존 메이저 총리가 이끌던 보수당 정부는 외국인이 투자금 100만 파운드를 예치하면 영국 국적 취득을 위한 첫 번째 단계인 체류증을 발급해 주는 '황금 비자' 제도를 도입했다. 이 제도는 2022년 2

월 달에 폐지됐다. 안전한데다가 영국 경제로 흘러들어 오는 자금의 출처를 엄격히 따지지 않는 런던은 올리가르히가 가장 선호하는 행선지가 됐다. 할리우드처럼 런던에서도 '런던그라드Londongrad'라고 불리는 나이츠브리지와 메이페어와 같은 부촌을 돌아볼 수 있는 가이드 투어가 있어서 관광객들은 직접 올리가르히와 도둑 정치인 클렙토크라트 Kleptocrat의 화려한 저택들을 구경할 수 있다. 이런 클렙토 투어를 직접 운영하는 기자 올리버 벌로우는 최근 저서에서 1956년 수에즈 위기 이후 회복할 수 없을 정도로 쇠락한 대영제국의 수도가 어떻게 점차적으로 국제 금융 허브가 됐다가 아예 온갖 종류의 서비스를 제공하는 '세계 부자들의 유능한 집사'로 전락했는지 설명한다.[21]

2014년 크림반도 합병 이후 러시아에 대한 서방의 제재가 이어지던 당시 올리가르히와 푸틴의 관계가 드러났다. 도널드 트럼프 대통령 당선 이후 서방 민주 국가에서 러시아인들의 영향력에 대한 우려가 만연해졌다. 이제 올리가르히 재산의 의심스러운 출처보다 푸틴과의 관계가 더욱 심각한 문제로 제기됐다. 2020년 7월 보안과 공공 정보를 담당하는 영국 하원위원회는 러시아에 대한 상세 보고서를 발표했다. 이 보고서는 '영국 내 러시아 세력이 침입했다. 푸틴의 측근들이 그들의 부를 이용해 영국의 경제, 사회 전반에 침투해 영향력을 확산시키고 있다. 이제 이로 인해 발생하는 손실을 막아야 한다.'라고 경고했다.[22] 영국의 진보적인 일간지 〈인디펜트〉와 보수적 성향이 짙은 타블로이드 신문 〈이브닝 스탠다드〉를 포함한 언론사 회장 알렉센더 레베데프

Alexander Lebedev는 오랜 기간 보리스 존슨을 후원했고 덕분에 전 총리는 자리를 고수할 수 있었다. 결국 2020년 11월 알렉센더는 영국 상원인 귀족원에 입성했다. 러시아 언론 재벌이 영국 상원에 입성하게 된 것이다. [23]

2022년 2월 러시아가 우크라이나를 침공하자 러시아 신흥 재벌들은 서둘러 UAE의 관광과 쇼핑의 중심지 두바이로 피신했으며, 이들이 대거 입국하면서 호화 저택과 아파트에 대한 수요도 폭증했다. 그러나 서방의 제재, 경기 침체 그리고 금융 제재의 효과가 가중되면서 올리가르히는 난관에 처하고 있다. 러시아 부호의 전용기 10여 대가 두바이 공항 터미널에 착륙했지만 서방의 제재로 인해 영국, 미국, 유럽에 있는 회사에 보험료와 유지 보수비를 지불할 수 없어 이 전용기는 무용지물이 됐다. [24] 게다가 2022년 3월 국제자금세탁방지기구GAFI가 아랍에미리트를 시리아, 예멘, 남수단, 말리와 같이 자금 세탁 위험이 있는 국가로 지정해 '그레이 리스트gray list'에 포함시켰다. 푸틴과 결탁한 러시아 재벌들의 상황이 더욱 악화된 것이다. 이제 자금 세탁 퇴치 기관이 UAE로 유입되는 자금을 더욱 철저히 감시하게 될 것이다. 우리는 신자유주의와 세계화가 만든 워싱턴 금융 패권주의의 단면을 잠시 훑어 보았다. 그러나 세련되고 노련한 워싱턴과 국제 금융 자본은 절대로 앞에 나서지 않는다. 자신들의 지정학적 이해관계 증진을 위해 다자적 수단으로 이미지 세탁을 한다. 우리가 익히 잘 알고 있는 국제통화기금 IMF를 통해서다.

고삐 풀린 자본주의 전도사 IMF

2007년 미국 정치학자 제임스 레이몬드 브릴랜드James Raymond Vreeland 는[25] IMF에 관한 자신의 저서에서 '개발도상국 국민들은 IMF를 잘 알지만 선진국에서 이 기관에 대해 알고 있는 사람들은 드물다.'고 평가했다. 2022년 현재까지 약 10번의 외환위기를 경험한 아르헨티나의 대통령 후보였던 크리스티나 페르난데스 데키르크네는 TV 광고에서 "당신의 아이들과 손자들은 IMF가 무엇인지 모르는 세상을 만들겠다."고 약속할 정도였다. 그러나 2003년에서 2007년 사이 이 기금이 제공한 차관의 규모가 1,100억 달러에서 180억 미만으로 급감하면서 IMF는 존재의 위기에 빠졌다. 2007년 9월 프랑스 도미니크 스트로스 칸이 IMF로 임명되었을 때에는 심지어 IMF 인원 감축이 진행 중이었다. 그러나 불과 몇 달 후 2007~2008년 글로벌 금융 위기가 세계를 강타하면서 IMF의 존재감은 급격히 고양됐다.

1971년에도 미국이 일방적으로 금본위제도를 파기하면서 IMF의 역할은 끝난 것으로 여겨졌다. 그러나 1980년대 중남미 부채 위기와 90년대 멕시코와 아시아 외환 위기로 IMF는 구사일생하게 되었다. 금융 위기로 부도 직전에 있는 나라를 지원해 준다는 명분으로 선진국 채권단을 대변하기 시작한 것이다. 2008년 월스트리트에서 시작된 금융 위기는 스페인, 아일랜드, 이탈리아, 포르투갈, 그리고 그리스를 흔들면서 유럽을 강타했다. 이로 인해 IMF는 선진국 국민들에게도 익숙한 용어가 되어 버렸다. 2011년 포르투갈이 IMF 구제 금융을 받았을 때 리스본 길거리에는 IMF의 세 글자가 '불공정Injustice, 가난Misery, 기근Famine'의 약어로 표기되어 있었다.[26]

IMF가 회원국에게 제공하는 핵심적인 지원은 바로 적시 적소에 제공하는 차관이다. 그러나 창립 초기 운영 방식과 달리 '조건부 차관 conditionality'을 철칙으로 운영되고 있다. 1954년 페루와 체결한 첫 번째 협정서는 2페이지에 불과했으나, 2010년 그리스와 체결한 협정 분량은 무려 63페이지에 달했다. 이제 IMF는 공무원 수, 공기업 개혁, 사회 보장 제도, 민영화 등으로 요구 조건을 점차 확대하고 있다. 1997년 외환 위기를 경험한 우리에게 너무나도 잘 알려진 미셸 캉드쉬 전 총재는 1998년 1월 15일 팔짱을 끼고 매서운 눈으로 모하마드 수하르투 인도네시아 전 대통령이 의향서에 서명을 하는 모습을 지켜보았다. 1997~2000년 세계은행 부총재직을 역임했고, 2001년 노벨 경제학상을 수상했던 조지프 스티글리츠는 이 장면에 대해 "인도네시아 대통령은 필요한 지원을 받는 대가로 IMF에 경제 주권을 무력하게 넘길 수밖에 없었다."고 한탄했다. [27] IMF 구제 자금을 신청하는 국가들은 차관 도입을 위해 동 기구에 제출할 '의향서'를 공동으로 작성한다고 알려져 있으나, 실상은 다른 나라들과 마찬가지로 인도네시아 당국도 조인한 서류에 단 한 글자도 쓰지 않았다. [28]

IMF 표결권

서구 국가들은 지난 70년간 국제통화기금과 세계은행을 독점해 왔다. 그 비결은 바로 IMF와 세계은행이 주요 결정을 내릴 때 의결에 필요한 의결 정족수는 85%로 정해져 있기 때문이다. 미국 IMF 표결권 지분이 16.79%를 보유하고 있으니 어떠한 사항에 대해서도 워싱턴이 사실상 거부권을 가지고 있는 셈이다. "2020년 1월, 모리타니를 필두로 한 아프리카 23개국 그룹은 IMF에서 미국 인구보다 800만 명 많은 3억 3,900만 인구를 대표했다. 그러나 표결권은 미국의 10%에도 미치지 못하는 1.62%밖에 행사하지 못했다. IMF에서 표결권은 돈을 내야 행사할 수 있기 때문이다. IMF 회원국은 세계 경제에서 차지하는 상대적 비중에 근거해 분담금 또는 가입금을 내고 있으며 표결권은 이 금액에 비례한다. 5년마다 그동안의 경제적 역학관계 변화를 반영해 자본금을 수정하고 이에 따라 국가별 표결권 할당 비율도 수정한다. "[29]

2010년 IMF 집행이사회는 투표권 지분을 대폭 조정하기로 합의했다. 자본금을 증자하고 표결권 6.2%를 후진국으로 이전할 것을 결정했다. 이 개혁 전까지만 해도 이탈리아가 중국과 동등한 비율의 표결권을 보유한 시대 착오적 상황이 유지됐다. 이후 IMF 내 영향력이 2배로 커진 중국은 자본금의 6% 이상을 분담하며 표결권 순위에서 독일과 프랑스를 앞질러 3위로 올라섰다. 그동안 IMF 내에서는 한국, 중국, 브라질, 인도, 러시아 등 신흥국들의 경제력이 상승했음에도 불구하고 IMF 내 영향력이 너무 작다는 주장이 제기되어 왔다. 미국의 지분을 16.7%에서 16.5%로, 중국의 지분을 3.8%에서 6%로, 러시아 및 인도의 지분을 2.3%에서 2.6%으로 변경하고, 브라질의 표결권도 1.7%에서 2.2%로 확대시킨 반면에 유럽 국가의 지분은 큰 폭으로 하향 조정했다. 한국의 지분율도 1.8%로 상승했다.

그러나 공화당을 중심으로 한 미국 의회의 반대로 미국 의회의 승인을 받는 데 6년이 소요되었다. 신흥국의 지분율 확대를 핵심으로 하는 IMF 개혁안으로 미국의 영향력이 줄어든다는 논리였다. 파이낸셜타임즈는 중국이 IMF에서 영향력 확대 시도에 좌절감을 느끼면서 아시아 인프라 투자 은행AIIB을 설립하는 등 대안 마련에 나서자 미국이 양보하면서 신흥국의 지분 확대가 가능해졌다고 분석한 바 있다. IMF 한 집행 이사는 티모시 가이트너 재무장관이 담당하던 업무를 힐러리 클린턴 국무장관이 맡게 되면서 모든 것이 변했다고 분석했다. 다시 말해 경제 문제가 지정학적 문제로 변질된 것이다. 트럼프는 미·중 G2 체제 구성, 경제 협력 포럼, 위안화를 외환 보유고 통화로 격상, IMF 내 불평

등 감소와 함께 투표권 지분 재협상을 중국에 제시했다. 그러나 베이징은 무역 전쟁이 벌어지고 있는 상황에서 트럼프의 이러한 요구는 자신들을 하급 지위로 격하시키는 것으로 받아들여 거부했다.

"2차 세계대전 종식 후 IMF는 세계은행과 함께 국가 간 경제 불균형으로 인한 분쟁을 방지하기 위해 창설됐다. 이 기구의 주된 역할은 전후 재건을 위해 통화 정책을 조율하고 회원국들이 납입하는 공동 기금으로 외화 부족 사태가 발생하면 자금을 지원하는 것이다. 그러나 점차 이 기관은 거대해지면서 신자유주의 전도사로 변질됐다. 관리 감독을 조건으로 요구하는 민영화, 규제 완화, 긴축 재정과 같은 개혁은 의료, 교육, 의식주와 같은 국민들의 일상생활에 지대한 영향을 끼친다. 결국 이 기관은 세계에서 가장 많은 항의를 받는 기관 중의 하나가 됐다."[30]

1997년 아시아 외환 위기

1990년대 초반 미국 달러의 본격적인 팽창은 중동 지역인 MENA Middle East and North Africa 지역을 시작으로 중반 무렵 동아시아로까지 확대된다. 1980년대 중남미 부채 위기 그리고 1980년대 후반부터 시작된 중동 지역에서의 IMF의 횡포, 무엇보다도 우리는 1990년대 초반 중동 지역에서 신호탄을 날린 신자유주의의 팽창이라는 거대한 흐름의 징조를 알아차리지 못해 IMF 구제 금융 신청이라는 수모를 겪어야 했다. 한국은 1996년 OECD 가입을 자축한 바로 다음 해에 외환 위기를 경험했다. 아시아 외환 위기의 발생 요인에 대한 다양한 논쟁에도 불구하고 몇 가지 컨센서스가 국제적으로 형성되어 왔다. 도덕적 해이moral hazard, 정실 자본주의crony capitalism가 아시아 금융 위기의 전형적인 원흉으로 지목되어 왔음에도 불구하고, 국제 금융 자본은 섣부른 자본 시장 개방이 초래한 폐해에 대해서는 의도적인 함구령을 유지하고 있는 듯하다.

양털 깎기|fleecing the flock

　헤지 펀드 등 국제 금융 세력의 음모를 파헤친 쑹훙빙의 저서 화폐 전쟁에서 그는 1997년 아시아 외환 위기 당시 국제 금융 세력은 한국을 포함 아시아 네 마리 용에 대해 양털 깎기를 했다고 주장했다. 양털 깎기 방정식은 이론적으로 매우 쉽지만, 실제 경제 주체들은 자신들이 양털 깎기를 위해 줄지어 서 있는 양의 신세라는 점을 전혀 인지하지 못한다는 점에서 글로벌 금융 위기가 계속해서 반복되고 있다. 신용 대출 확대는 필연적으로 거품으로 이어진다. 부동산 가격은 천정부지로 상승하고, 주식 시장은 미친 듯이 활황장bull market을 기록한다. 국내 정치뿐만 아니라 국제 정세에도 몽매한 일반 민초들까지 부동산과 주식의 광풍에 눈이 멀어 은행 빚을 끌어대서 필연적으로 터지게 되어 있는 거품 경제에 올라탄다. 일정 시점이 되어 통화량은 갑자기 줄어들게 되고, 경제 불황으로 시장에 매물이 쌓이면서 자산 가치 폭락이 발생한다. 국제 금융 자본은 경제 금융 위기를 틈타 일국의 소중한 자산들을 양털 깎기를 통해 헐값에 매입한다.

　특히 한국이 왜 이러한 양털 깎기의 손쉬운 표적이 되었을까? 1980년대 후반 3저 호황과 경상 수지 흑자가 누적되는 상황에서 1988년 10월에는 한국이 미국으로부터 환율 조작국으로 지명되는 등 통상 마찰이 야기되었다. 미국 주도의 무역 자유화와 금융의 세계화가 아시아 지역으로 본격적으로 상륙하기 시작했다. 1990년대 초반부터 한국은 외환 자유화를 지속적으로 추진하여 1996년 12월 OECD에 가입하였다. 이 과정에서 워싱턴과 국제기구의 압력에 굴복해 한국과 태국과 같은 일부 아시아 국가들은 사상 처음으로 국내 은행들이 해외로부터 달러를 차입할 수 있도록 허용하였다. 그 결과 대규모 자본이 이들 국가들로 유입되었으며, 일부 국가의 경우 GDP의 10%에 상당하는 외화 자금이 유입되어 이들 국가들의 경제를 과열시켰다. 특히 부동산을 포함한 자산 가격 버블이 초래되었으며, 국내 은행과 기업들은 과다 차입을 통한 위험한 투자 관행을 지속하게 된다. 결국 우리는 IMF 구제 금융 신청이라는 대외 부채의 역습으로 인해 금융 시스템 측면에서 무장 해제를 강요당하면서 달러 금융 체제에 완전히 종속되게 된다.

자본 시장 개방의 함정

1997년 아시아 외환 위기는 섣부른 자본 시장 개방이 어떠한 파괴적인 결과를 가져오는지를 여실히 보여 주었다. 너무 이른 자본 시장 개방은 정부가 금융 시장에 대한 통제력을 잃을 수 있음을 보여 주었다. 또한 성급한 자본 시장 개방으로 대규모 투기 자본이 유입되어 경제에 고통과 왜곡이 초래될 수 있음을 증명해 주었다. 당시 말레이시아 총리 마하티르는 워싱턴 컨센서스가 강요하는 정책 처방과는 정반대로 자본 통제를 실시했다. 중동 지역의 일부 국가들은 아시아의 고통스러운 경험을 통해서 그리고 중국이 그렇게 해 왔듯이 자본 시장 개방의 주도권을 놓치지 않으면서 아시아와 남미 지역이 겪었던 양털 깎기를 회피할 수 있었다. 리콴유 당시 싱가포르 총리는 1990년대 초반 자본 시장 개방 독트린에 대해 다음과 같이 평가했다. 아시아 국가들이 자본 시장 개방에 더욱 주의를 기울였다면 이들 국가들의 경제 여건은 그렇지 않을 때보다 더욱 좋았을 것이라고 평가했다. 태국의 경우 자본 시장이 여전히 개방되지 않았다면, 가계와 기업의 차입은 달러가 아닌 바트로 이루어졌을 것이며, 그 결과 외환 위기가 초래한 태국 바트화의 급격한 폭락은 없었을 것이라고 아쉬워했다.[31]

IMF는 한국의 외환 위기 발생 요인으로 고정환율제도와 인위적인 원화 가치의 고평가 유지를 지목하면서 외환제도 개혁을 요구했다. 1997년 12월 한국은 원/달러 환율의 일일 변동폭 10%를 완전히 폐지함으로써 환율이 시장 기능에 따라 움직이는 완전한 자유변동환율제도로 이행했다. 또한 우리나라는 1992년 종목별 취득 한도가 20%로 한정된 제한된 자본 시장 개방을 시작으로 외환 위기 시 IMF의 요구로 97년도 취득 한도가 50%로 상향된 이후 98년 5월에 자본 시장을 전면 개방하게 된다. 다시 말해 미 달러 제국의 입장에서 그만큼 영토가 확대된 것이다. 바꾸어 말하면 한국 경제는 이제 달러 금융 체제의 속박에 완전히 편입된 것이다.

역플라자 합의anti-Plaza accord

앞서 우리는 미국이 1980년대 전반기 쌍둥이 적자에도 불구하고 미 달러화는 파운드, 마르크화, 프랑 및 엔화 대비 약 50% 이상 고평가되면서 미국의 수출 경쟁력 약화를 불러왔음을 살펴보았다. 그러나 워싱턴의 약달러weak dollar 정책 기조에도 불구하고 미국은 플라자 합의 이후 10년 동안 무역 적자에서 벗어나지 못하였으며, 일본 엔화 강화 및 미 달러화 약세는 지속되었다. 이에 미국은 또 다시 동맹국들을 압박하여 1995년 G7 국가 간에 엔저 유도를 위한 역플라자 합의를 강요한다. 엔-달러 환율을 100엔 선으로 회복하며, 도쿄는 저금리 정책을 유지하며, 내수 확대를 위해 재정 팽창 정책을 취한다는 것을 골자로 하는 합의로 이는 바꾸어 말하면 달러의 강세를 의미하는 것이다.

2022년 6월 미 연준의 0.75% 미 이자율 자이언트 스텝 단행은 1994년 조치 이후 최대의 인상폭이었다. 미 연준은 1994년 2월부터 불과 12개월 만에 이자율을 3%에서 6% 수준까지 인상해 버린다. 두 번에 걸친 0.5% 인상과 한 번에 걸친 0.75% 인상을 포함한 조치였다. 미국의 이자율 인상 조치와 인위적인 달러화 강세 조치인 역플라자 합의로 달러화가 강세로 이어져 미국의 수입 물가는 낮아졌고 소비가 진작되면서 미국 경제가 살아나기 시작했다. 하지만 이는 달러 수요를 더욱 촉발시키는 계기가 되면서 신흥국들로부터 자금 이탈을 유도하는 원인이 됐다. 1997년 아시아 외환 위기가 역플라자 합의에 일부 기인한다는 평가가 나오는 이유이다. 결과적으로 1994년 미 연준의 급격한 이자율 인상 조치, 1995년 역플라자 합의와 이로 인해 초래된 아시아 외환 위기는 달러의 위상을 높이는 결과를 가져왔다.

1995년 역플라자 합의의 중요성은 미국의 대외 무역 정책이 무역 통상에서 금융을 중심으로 재편되는 것을 의미한다. 달러 약세를 통해 미국의 경상 수지 적자를 감소시켜야 한다는 통상론과 달러 강세가 워싱턴의 이익에 부합한다는 금융론의 힘겨루기에서 후자의 승리를 의미하는 것이었다. 이에 워싱턴은 경제의 중심축을 제조업에서 금융 산업으로 바꾸고 기축 통화인 달러를 무기로 무역 수지 적자를 자본 수지 흑자로 메꾸는 전략을 채택했다. 미국은 1990년대 초반부터 금융을 통해 세계의 주도권을 행사하겠다는 정책을 본격화했다. 바로 신자유주의 이념을 바탕으로 한 세계화였다. 제3장에서 살펴볼 중동 지역에서의 금융 패권을 통한 달러의 영토 확대가 본격화된 시점도 바로 역플라자 합의 이전에 이미 진행되고 있었다. 신자유주의와 역플라자 합의는 경제 논리보다 정치 논리가 우선시된 사례로 이로 인해 달러의 위상은 더 높아졌으며 미국을 더욱 강하게 만들었다.

2008년 글로벌 금융 위기

　1997년 아시아 외환 위기를 통해 다시 달러의 위상을 회복한 미 금융 패권주의는 1999년 유로화 출범으로 다시 도전받게 된다. 1990년대 말 강달러의 등장과 동시에 출범한 유로화는 유럽 국가들이 달러 패권 체제에 도전하고자 하는 수정주의적 의지에서 출발하였다고 할 수 있다. 2000년대 초반 유로화는 강한 모습을 보이기도 했으나 2008년 금융 위기로 남유럽 국가들이 부채 위기에 처하면서 단일 통화라는 태생적 한계를 드러냈다. 한 발 더 나아가 2016년 6월 영국이 유럽연합 탈퇴를 결정하면서 유로화는 또 한 번 타격을 입게 되었으며, 이로 인해 2008년 글로벌 금융 위기 이후 크게 흔들렸던 미국의 금융 패권주의의 위상은 다시 높아지게 되었다.

　신자유주의 열렬한 지지자로서 국내외 어용 지식인들이 외쳐 댔던 '행복한 세계화'는 결국 자본주의의 격동기로 판명되었다. 일부 국가들은 지난 30년 동안 꼬리를 무는 격변에 시달려야 했다. 구소련 국가에서의 충격 요법과 대량 실업, 1998년 러시아와 동남아시아의 외환 위기로 인한 금융 붕괴, 2000년 인터넷 거품 붕괴, 2001년 9·11테러 및 같은해 아르헨티나 파산, 그리고 2008~2009년 경제 대공황, 2011년 아랍의봄, 2012~2015년 유럽연합 채무 위기로 이어졌다. 부채의 함정에 빠트리는 가장 손쉬운 방법은 저금리를 통해 자금을 시장에 무한정 공급하는 것이다. 2008년 금융 위기의 씨앗은 최저 금리와 느슨한 대출 관행이 미국과 전 세계 여러 나라에 초래한 부동산 시장 버블이었다. 미 연준은 IT 버블 붕괴, 미국의 일련의 회계 부정 스캔들 그리고 9·11 테러에 직면해 2000년 5월 6.5%의 기준 금리를 2003년 6월 1% 선으로 인하하는 조치를 단행했다. 2008년 이후 그 어느 때보다도 더 많은 달러가전 세계에 퍼져 나갔으며, 워싱턴은 양적 완화를 약 6년 정도 지속했다. 그 과정에서 초기 공격적인 양적 완화 정책과 사상 초유의 저금리 정책으로 달러가 전 세계 구석구석에 침투하게 되었다. 중요한 것은 달러표시dollar-denominated 부채의 형태로 많은 나라에 유입되면서 부동산버블을 초래했다.

2008년 글로벌 금융 위기는 세계 4대 투자은행인 리먼 브러더스가 파산 보호를 신청하면서 촉발되었다. 2000년대 초저금리 지속과 서브프라임 모기지 대출을 활용한 금융기관과 가계의 과도한 빚에 의존한 투자가 만들어 낸 거품이 꺼지는 순간이었다. 미국발 금융 위기로 인해전 세계 부동산과 주가가 급락하고, 소비 위축, 투자 및 고용 감소로 이어져 실물 경기 침체로 이어졌다. 투자 자금 회수로 미국 달러화가 급등했으며 각국 증시는 2007~2008년 평균 50% 이상 급락했다. 한국의 경우 원/달러 환율이 급등하여 2009년 4월 1달러당 1,340원을 기록하였으며, 주가와 부동산 가격은 40% 이상 폭락했다. 한편 2008년 미국의 공공 당국은 규제 완화로 파산한 금융계를 구제하려고 국민의 고혈 같은 세금을 쏟아부어 7,000억 달러의 부실 채권을 사들였다. 미 달러의 유로화에 대한 공격을 이해하기 위해서는 먼저 유로존의 태생적 한계를 이해할 필요가 있다.

위험 프리미엄Risk Premium

미국에서 서브프라임 상품을 탄생시킨 민간 부채의 증권화가 발달한 이유는 특히 담보로 인정받을 수 있을 만큼 안전한 유가증권을 만들어 내고 은행의 영업에 일종의 합성 윤활제를 공급하기 위해서였다. 유럽연합에서는 담보의 지위를 갖춘 독일 국채의 공급이 수요를 만족시키지 못했다. 이 때문에 EU는 2002년 유로존 국가의 국채는 '위험 프리미엄(Risk Premium:RP)'거래에서 동등한 취급을 받아야 한다는 '담보' 강령을 채택했다. 이로써 유로존 국가의 채권은 모두가 탐내는 담보의 지위를 얻었고 그 덕분에 국가별 채권의 금리 격차를 상쇄할 수 있었다. 대형 은행들이 지배하는 유럽의 '환매조건부 채권RP(Repurchase Agreement)' 시장은 EU와 유럽중앙은행의 적극적인 지지를 받고 꾸준히 성장해 2008년 시장 규모가 6조 달러에 이르렀다. [32)33)]

2008년 글로벌 금융 위기는 '정부'가 아닌 '시장'이 좌우하는 은행 모델이 품고 있던 위험을 드러냈다. 특히 금융 주체들이 서로 연결돼 있고 상호 의존적인 관계이기 때문에 대규모 위기가 발생할 경우 이 위기가 다른 곳으로 전염될 수 있는 위험성이 대두됐다. '환매조건부 채권RP'거래는 이 위험을 가중시켰다. 담보의 안정성에 의심이 제기됐기 때문이다. 증권화 상품이든, 가장 취약한 국가들의 국채이든 마찬가지였다. 독일 정부가 발행한 국채와 그리스가 발행한 국채의 신뢰도가 동일할 수 없는 것이다. 이는 유로존의 위기를 재촉했다. 금융의 불확실성과 불안정성이 큰 시기에 금융 주체들은 안전한 피난처, 즉 산업화된 선진국 국채를 선호한다. 그 결과 가장 부유한 국가들은 더 낮은 비용으로 돈을 빌릴 수 있게 되고 나머지 국가들의 국채는 금리가 상승해 담보로서의 지위를 상실하는 두 양상이 만들어지게 된 것이다. 이로 인해 몇 년 전부터 프랑스나 독일 같은 강대국들은 마이너스 금리로 돈을 빌리고 있다. 즉, 빚을 지면서 돈을 벌고 있는 셈이다. [34]

유로화의 태생적 한계

국채는 그 안정성, 유동성, 시장의 깊이로 인해 2008년 글로벌 금융위기 이후의 금융에서 필수적인 요소로 자리 잡아 왔다. 유럽중앙은행ECB을 탄생시킨 합의에 의하면, ECB는 유로존 19개 회원국의 재정에 직접적으로 개입할 수 없게 돼 있다. 특히 2007년 리스본 조약 123조에서는 ECB가 회원국 기관에 당좌 대월을 비롯한 신용 대출 일체를 제공하지 못하도록 금하고 있다. 아울러 각 회원국에 채무 변제 수단 역시 마련해 주지 못하도록 규정하고 있다. 그런데 리스본 조약은 2007~2008년 미국 경제 위기가 유럽에 몰고 올 후폭풍을 미처 예견하지 못했다. 경기가 침체됨은 물론 투자자들이 국가 재정을 방만하게 운영해 온 소위 PIGS 국가인 그리스, 스페인, 이탈리아, 포르투갈의 채무에 대해 높은 금리를 요구함에 따라 대출 금리가 수직 상승했다. 유로존 위기가 찾아온 것이다.[35]

미국과 영국의 중앙은행보다 몇 년 늦은 2015년 3월, ECB는 처음으로 양적 완화 정책을 실시했다. 급격한 인플레이션에 다른 경제 활동 마비와 금리 폭등이라는 두 유로존 위기의 난제를 피하기 위한 조치였다. 구체적으로 ECB는 '세컨데리 마켓(2차 시장)'에서 시중은행으로부터 공공 부채를 매입했다. 세컨데리 마켓Secondary market은 국채 유통 시장이므로 해당 정부에 직접적으로 거래 자금이 돌아가지는 않는다. 이렇게 함으로써 ECB는 시중은행의 채무를 변제해 주고, 이를 통해 시중은행이 기업과 가계, 정부에 더 많은 대출을 가능하게 한 것이었다. 요컨대 '변칙적인' 정책으로 국채 시장의 안정화라는 결과를 가져왔으며, 유로존이 구제될 수 있었다.

그러나 유로존의 태생적인 한계는 그대로 남게 된다. 2022년 커져가는 글로벌 경제 위기에 직면해 일각에서는 유로존이 또다시 위기에 처할 수 있다고 진단한다. 미 달러, 일본 엔화 그리고 유로존의 유로화는 모든 정도의 차이는 있지만 세계 경제의 기축 통화로서의 지위를 누리고 있다. 그러나 달러와 유로존은 국채 운용에 있어 근본적인 차이점을 보이고 있다. 국채는 일반적으로 미 재무부가 발행을 한다. 미국의 중앙은행은 유통 시장에서 국채를 사고 파는 행위를 통해 경제의 자금 흐름을 조절할 수 있다. 요컨대 일본과 미국의 경제는 재무부와 중앙은행이 보조를 맞추어 거시경제를 조절할 수 있는 능력이 있다. 그러나 유로존은 유럽중앙은행이라는 하나의 중앙은행이 존재하는 반면 국채를 발행할 수 있는 재무부는 유로존 회원국의 수만큼이나 많이 존재하고 있다. 다시 말해 하나의 유럽중앙은행과 수많은 독립적인 재무부의 존재로 인해 위기 시 효율적으로 대응할 수 없는 구조인 것이다.

유럽의 PIGS(포르투갈, 이탈리아, 그리스 및 스페인) 국가들이 발행한 국채를 유럽중앙은행이 매입하는 것은 유로존 내에 존재하는 여타 국가들의 경제 규모 차이와 이해관계로 인해 충돌할 수밖에 없는 문제인 것이다. 재무부가 채권을 발행하고 중앙은행이 매입해 주는 이러한 시스템은 사실상 일본에서 유래했다. 경제협력개발기구에 의하면 일본의 국내총생산GDP 대비 국가 부채 비율은 2021년 기준 259%로 회원국 중 가장 높다고 밝혔다. 일본 정부의 부채가 이렇게 높은 이유는 정부가 재정 지출을 위해 국채를 발행해 자금을 조달하고, 기존에 발행한 국채를 상환하기 위해 또 다시 국채를 발행하는 관행을 지속해 왔기 때문이다. 물론 이러한 국채의 많은 부문은 일본의 중앙은행이 소유하고 있는 매우 특이한 경제 구조를 유지하고 있다.

GDP 대비 정부 부채 비율의 비밀

1990년대 말 아시아 외환 위기, 2008년 세계 금융 위기 등을 거치면서 전 세계가 대규모의 팽창적 통화 정책과 재정 정책을 반복해 왔다. 미국과 유럽연합의 기준 금리는 2008년 금융 위기 이후 거의 대부분의 시기를 거의 0%대에 머물렀다. 또한 주요국의 국내총생산GDP 대비 정부 부채 비율은 30년 사이 2~3배씩 늘어났다. 현재 국채는 금융 시장의 필수 자원으로 기능하고 있다. 국채는 1970~1980년대, 세계 경제를 위협하는 과잉 상태의 예금을 흡수하는 데 기여했다. 당시 산유국들의 산더미처럼 축적된 페트로 달러가 시장에 넘쳐났던 것이다. 더구나 1970년대부터 반-인플레이션 정책에 역점을 둔 선진 자본주의 국가는 실업 증가를 무릅쓰고 경제 자체를 둔화시키는 방향으로 돌아섰다. 그 결과, 성장이 느려지고 민간 부문 투자가 위축되며 예금 총액이 쌓여 갔던 것이다. 이러한 저축이 포화 상태에 달하지 않도록 이상적인 통화 흡수제 역할을 하는 국채는 1980년대 이후 금융 시장 확장에 결정적인 역할을 했다. 당시 거의 모든 국가의 자금 조달 방식은 시장에서 유통 가능한 채권 발행이 주를 이루기 시작한 것이다.

거시 경제적 측면에서 보면 부채와 예금은 동반 성장 관계다. 누군가의 부채가 누군가에게는 채권이기 때문이다. 예금도 결국 채권이다. 경제 구조 내에 부채가 많다는 것은, 그만큼 예금도 많다는 뜻이다. 현재 우리의 문제에 대한 대안은 바로 투자다. 이에 제동을 거는 건 재정이 아니라 정책적인 측면이며, 부채는 문제 해결을 위한 수단이 될 수 있다. 뱅자맹 르무안Benjamin Lemoine은 망치로 못을 박을 수도, 누군가의 머리를 부술 수도 있는 것처럼 부채는 그저 하나의 수단에 불과하다고 규정하면서 부채를 통한 소득 배분의 원칙을 세울 수도 있다고 주장한다. "만약 부채가 자산 보유자의 세금을 줄여 주는 수단으로 작용한다면, 빈자의 소득이 부자의 소득으로 재분배되는 결과가 될 것이다. 반면 이 부채가 보다 가난한 이들을 위한 사회적 투자로 이어져 저비용 고효율의 공공 서비스가 마련된다면, 그리고 누진세율 중심으로 세제가 개편된다면, 부채도 충분히 재분배 역할을 하며 정부를 경제 부문 투자자로 만들 수 있다."고 제언했다.[36]

뱅자맹 르무안은 'GDP 대비 정부 부채 비율'은 "다른 국민층을 위한 일부 국민층의 희생과 노력을 동원하는 정부의 사회적 과제 분배 지속 역량"으로 규정하면서 긴축정책 정당화를 위해 우파 진영에서 써 오던 오랜 논거라고 응수했다. 보수파들은 GDP 대비 정부 부채 비율이 높을 경우, 차후 예산 운영 폭에 상당한 부담을 준다는 면에서 심각한 문제라고 지적해 왔다. 1996년 당시 알랭 쥐페 총리가 "전 국가적 위기"라며 호들갑을 떨던 당시에도 프랑스의 공공 부채 수준은 GDP의 60%였다. 2020년 프랑스의 GDP 대비 부채 비율은 120%라는 사실은 많은 것을 시사해 주고 있다.

2022년 후반 현재 국가 부채를 늘리며 가계 부채를 그나마 줄여 주려는 미국과 여타 유럽 국가들과는 달리 한국을 포함 일부 국가들은 가계 부채를 늘리면서도 국가 부채가 적으면 된다는 정책을 펴고 있다. 미국의 급격한 이자율 상승으로 이제 부채의 역습이 도래하고 있는 이 시점에서 가계와 기업의 디레버리징(부채 축소)을 도울 수 있는 정책을 내놓아도 모자랄 판에 한국은 부동산 시장 활성화 대책을 쏟아내고 있다. 주택담보대출 비율LTV 50% 허용, 규제 지역 내 15억 원 초과 주택 주택담보대출 허용 등의 정책으로 더 많은 사람들이 부채의 함정에 내몰릴 것이라는 점을 독자들도 잘 인식하고 있을 것이다. 영국 이코노미스트는 많은 선진국의 가계가 2007~2009년 글로벌 경제 위기 이후 GDP 대비 가계 부채가 크게 증가하지 않았음에도 불구하고 한국은 예외적인 국가라고 지적했다. 한국의 가계는 지금까지 과잉 대출borrowing binge을 해 왔으며, GDP 대비 가계 부채의 비율은 2010년 79%에서 최근 지표 산정 기준 109%까지 급증했으며, 이들 중 절반 이상의 대출이 금리 인상에 매우 취약한 단기 금리의 직접적인 영향하에 놓여 있다고 분석한 바 있다. [37]

제3장

달러 패권의 파수꾼 IMF

1944년 브레튼우즈 협정으로 창설된 국제금융기구IFI인 국제통화기금IMF과 세계은행World Bank은 본질적으로 시장 경제와 무역의 논리를 강요한다. 이 논리는 유엔의 근간인 국제 협력의 철학을 유명무실하게 만들어 왔다. 두 기관은 무상 원조가 아니라 조건부 차관을 제공하며, 차관 도입국은 국제통화기금과 세계은행IMF/WB이 정한 경제 정책을 실행해야 한다. 신자유주의의 전도사에게 유엔의 세계 인권 선언은 의미 있는 기준이 될 수 없는 것이다.[38] 2000년 미국 경제학자 스티글리츠는 IMF가 신자유주의 세계화를 확산시켰다고 비난하면서 "IMF의 목적이 금융 공동체의 이익을 추구하는 것이라고 내세웠지만 IMF의 활동은 모순적이고 일관성이 없어 보인다."고 꼬집었다.[39] 2022년 현재 IMF는 국제 금융 공동체의 이익을 수호하고 있지만 이제는 다른 나침반에 따라 움직이고 있다고 평가했다. 바로 선진국의 지정학적 우선순위가 바로 그것이다.

2021년 10월 크리스탈리나 게오르기에바 IMF 총재는 세계은행 최고경영자로 재임 당시 중국에 유리한 방향으로 2018년도 기업 환경평가 보고서를 조작하도록 압력을 행사했다는 의혹을 받아 사퇴 위기에 몰렸다. 이 사태에 대해 경제학자 스티글리츠와 웨이스브롯은 미국이 주도한 '쿠데타'라고 규정했다. 영국 이코노미스트는 크리스틴 라가르드 전 IMF 총재는 미국 데이비드 립튼David Lipton 수석 부총재가 IMF의 정책을 실질적으로 주도하고 자신은 IMF의 얼굴마담 자리를 차지하는 것만으로 만족했다고 평가했다.[40] 결국 미국의 쿠데타가 실패로 끝나자 미 재무장관 재닛 옐런은 립튼을 IMF와 관련된 모든 사안을 담당하는 자문관으로 승진시켰다. 게오르기에바 총재는 여전히 총재 자리를 유지하고 있다. 미국이 그녀의 잘못을 덮기로 했으며 결론적으로 IMF는 미국의 재무부가 됐다고 르몽드 디플로마띠끄는 평가했다. [41]

글로벌 패권 국가의 의도에 따라 수많은 국가들과 그 시민들의 운명이 한순간에 뒤바뀔 수 있다는 점을 지난 40년간의 글로벌 정치 경제 역사가 말해 준다. 2022년 2월에 촉발된 우크라이나 전쟁, 천정부지로 치솟는 인플레이션, 그리고 본격화된 미국 연준Fed의 초긴축 정책은 경제 및 군사적으로 강력히 부상하고 있는 중국을 견제하고, 러시아와 유럽연합을 약화시키기 위한 지정학적 측면에서도 단행되고 있다. 이제 우리는 미국의 글로벌 패권주의의 선봉장이자 파수꾼 IMF를 통해 워싱턴이 금융 대량살상무기인 달러를 통해 어떻게 세계 각국에 횡포를 부려 왔는지를 살펴보자. IMF가 미 금융 패권주의의 이해관계 수호를 위해 봉사해 왔다는 점을 증명해 주는 역사적 사실은 차고 넘친다. 특히 앞으로 살펴볼 중동 지역에서 달러 제국 팽창의 역사는 대표적이며 해외에서는 심도 있는 많은 연구들이 축적돼 있다. 이에 앞서 우크라이나 전쟁 발발 이전 키예프 사태를 둘러싼 워싱턴과 크렘린의 지정학적 힘겨루기를 간략히 살펴보자. 우크라이나 전쟁은 경제 무역 전쟁이 격화되어 지정학적 경쟁으로 비화되고 궁극적으로 군사적 충돌로 이어질 수 있음을 여실히 보여 주는 사태이다. 더 나아가 이번 전쟁은 워싱턴이 달러 금융 패권주의의 사활적 이해관계를 수호하기 위해 어떠한 비

용도 치르겠다는 결의를 보여 주는 매우 중요한 지정학적 흐름이라고
할 수 있다.

우크라이나 금융 위기와 IMF

2008년 글로벌 금융 위기로 신자유주의의 전도사이자 미국 패권의 금융 선봉장이라고 할 수 있는 국제통화기금의 영향력이 다시 급부상하게 되었다. 2008년 10월 도미니크 스트로스 칸Dominique Strauss Khan IMF 총재는 향후 2년에 걸쳐 우크라이나에 165억 달러를 대출해 주는 방안에 대해 원칙적으로 합의했다고 발표했다. 2010년에도 우크라이나는 154억 달러의 대기성차관협약Stand-by agreement을 체결했다. 그러나 재정 적자 축소를 위한 공공 요금 인상, 연금개혁 등 개혁 조치 이행 부진으로 당초 합의한 구제 금융액의 일부만 지원받았다. 2013년에도 우크라이나의 IMF 지원 요청은 이어진다. 이는 2008년 금융 위기 이후 세 번째 구제 금융 신청으로 이때에도 IMF는 강력한 긴축 재정을 요구했는데 친러시아 성향의 빅토르 야누코비치 전 대통령은 2013년 결국 IMF 프로그램을 중단한다. 우크라이나 사태가 지정학적 갈등으로 변질되자 러시아가 개입해 2013년 12월 우크라이나에 30억 달러의 차관을 제공했다.

러시아의 개입은 유로마이단 사태 발발 후 본격화되었다. 유로마이
단은 2013년 11월 21일 우크라이나 키이우에서 우크라이나 정부가 EU
와의 통합을 위한 우크라이나-유럽연합 위원회 조약과 우크라이나-유
럽연합 자유무역 협정DCFTA의 서명을 무기한 연기하고 러시아와 경제
의존을 천명하자 시민들이 반발하여 시작됐다. 우크라이나와 유럽연
합과의 통합을 지지하는 시민 혁명은 대통령 빅토르 야누코비치와 아
자로크 제2 정부의 해임을 요구했다. 2014년 야누코비치 탄핵이 결정
되고 친서방 성향의 페트로 포로셴코가 대통령에 당선되자 갑자기 IMF
는 마치 아량이 넓어진 듯 우크라이나에 180억 달러 차관을 승인했다.
일반적으로 IMF로부터 이 정도 규모의 차관을 받으려면 여러 조건을
충족해야 한다. 전시 중인 국가에는 지급하지 않음에도 불구하고 당시
우크라이나 동쪽 지역은 무력 분쟁이 끊이지 않고 있었다.

금융 지원 요청국은 또한 IMF가 요구하는 개혁을 단행하겠다는 의지
를 증명해야 했으며, 상환 능력이 있어야 함에도 불구하고 당시 우크라
이나 상황은 IMF조차도 상환 가능성을 의심할 정도였다. 그래서 결국
2015년 IMF는 우크라이나 민간 부채의 20%를 감면하고 상환 기한을
연장했다. 당시 프랑스 일간지 로몽드는 이를 '매우 정치적인 결정'이라
고 논평했다. IMF의 자의적이며 지정학적 행보는 계속되었다. 2015년
12월 우크라이나는 러시아에 지고 있는 채무를 갚지 못하면 '공공차관

에 관한 모라토리엄'을 선언해야 하는 위기에 처했다. IMF 규정은 채무 불이행 상황에 빠지면 자금 지원을 금지함에도 불구하고 IMF는 12월 8일 대변인 성명을 통해 "집행이사회는 오늘 공공차관 모라토리엄에 관한 비관용 정책을 수정하기로 결정했다."고 발표했다. 결국 12월 21일 우크라이나가 러시아에 채무를 상환하지 못했음에도 불구하고 IMF는 우크라이나에 대한 지원을 멈추지 않았다. [42]

채무 불이행과 전시 인플레이션

우크라이나와의 갈등, 푸틴 대통령의 정적 알렉세이 나발니의 운명, 노르드 스트림 2 가스관 건설 등을 두고 2014년부터 러시아와 서유럽은 사사건건 부딪쳐 왔다. 이러한 긴장 상황의 배경에는 러시아의 전략, 미국의 요구, 독일의 이익, 기후 변화 문제 그리고 유럽집행위원회의 자유주의적 교리가 복잡하게 얽혀 있는 '거대한 에너지 게임'이 자리하고 있다고 프랑스 르몽드 디플로마띠끄는 분석했다. [43] 같은 맥락에서 우크라이나 전쟁은 미국을 위시한 유럽의 대규모 무기 지원을 받고 있는 우크라이나와 러시아의 서로 양립할 수 없는 이해관계 충돌 전쟁일 뿐만 아니라 러시아에 대한 서방의 유례없는 대대적인 제재로 촉발된 경제 전쟁이기도 하다. 러시아가 우크라이나를 과소평가했듯이, 서방도 러시아를 과소평가했다. 서방의 제재에 직면해 러시아는 에너지무기화를 통해 전세를 역전시켰다. 반도체 공급망 교란이 자동차 생산에 타격을 주고, 비료 생산이 천연 가스 공급 차질에 직격타를 맞았듯이 크렘린의 에너지 공급 무기화는 전 세계에 걸쳐 엄청난 고통을 초래하고 있다.

무엇보다도 양측의 경제 전쟁으로 큰 타격을 받고 있는 것은 유럽과 우크라이나이다. 러시아가 유럽의 대한 에너지 공급을 중단하면서 유럽은 엄청난 인플레의 고통 속에서 허우적거리고 있다. 반면에 우크라이나는 전쟁 자금이 고갈되면서 2022년 7월 디폴트 상태에 빠져 IMF 구제 금융을 신청해야 하는 지경에 이르렀다. 외국 정부가 자금을 지원해 우크라이나에 군사 하드웨어와 훈련을 제공하고 있지만, 키예프는 대부분의 국내 정책 자금 지원을 현지 통화를 발행하고, 200억 달러에 달하는 해외 채권에 대한 원금과 이자 지급을 2024년까지 연기하는 사실상의 채무 불이행 선언으로 어렵게 꾸려 가고 있다고 영국 가디언은 보도했다. [44]

우크라이나는 미국, 영국, 프랑스, 독일, 캐나다, 일본 등 이른바 파리 클럽 6개 정부와 금융기관 등 민간 채권자들로부터 자신들의 채무 상환 유예를 얻어 냈으며, 이외에도 IMF에 구제 금융까지 신청하게 되었다. IMF는 이미 러시아의 우크라이나 침공 직후인 2022년 3월 14억 달러 규모의 긴급 자금을 제공한 바 있다. 7월에는 킬릴로 셰브첸코 우크라이나 중앙은행 총재가 IMF에 150~200억 달러 상당의 구제 금융을 신청했다고 가디언은 전했다. 우크라이나가 이번 구제 금융을 받기 위해서는 IMF의 강도 높은 채무 구조 조정 계획을 수용해야 한다. 우크라이나의 이번 구제 금융 요청은 아르헨티나 이후 역대 2~3번째로 큰 규모가 될 전망이다. IMF 역사상 최대 규모의 구제 금융 지원은 2018년 아르헨티나의 당시 중도 우파 정부가 받은 570억 달러(한화 70조 상당) 규모의 금융 지원이다. 설상가상으로 우크라이나에 대한 서방의 지원이라는 것도 60% 이상이 채무로 이루어져 있다. 이는 전쟁을 수행할 책임을 우크라이나가 떠안고 있다는 것을 의미하며, 결과적으로 전쟁이 끝나면 우크라이나는 엄청난 빚더미를 떠안게 될 것이다. 참혹한 인명 피해는 말할 필요도 없을 것이다. 과연 누구를 위한 전쟁인지를 젤렌스키는 한 번 진지하게 고민해 봐야 하지 않을까?

글로벌 경제에서
중동 정치 경제의 중요성

글로벌 정치 경제에서 중동 지역의 절대적 중요성은 페트로 달러로 대변되는 미국의 헤게모니 이해관계와 유대 시온주의 열망이 수렴하고, 주요 열강들의 이해관계가 첨예하게 충돌하는 전략적 지점이기 때문이다. 21세기 에너지 독립을 달성한 미국은 무섭게 추격하는 중국 견제를 위해서 워싱턴과 텔아비브의 이해관계가 수렴하는 특정 시점에 이란 핵 개발을 빌미로 호르무즈 해협에서 군사적 충돌을 조장해 중동 석유에 크게 의존하는 베이징을 옥죌 수 있다. 스티븐 월트와 존 미어샤이머 공동 저서 『이스라엘 로비와 미국의 대외 정책The Israel Lobby and U.S. Foreign Policy』에서 이스라엘은 지난 반세기 이상 워싱턴의 아낌없는 물질적 및 정치적 지원을 받은 거대한 수혜국임을 밝혔다. 1973년부터 2003년까지 이스라엘은 미국 전체 해외 원조액의 20%를 차지해 왔기 때문에 다른 나라들에 대한 미국의 원조는 하찮은 수준이라고 지적한다. 지금도 이스라엘은 워싱턴으로부터 매년 30억(한화 4조원

상당) 달러 상당의 군사 원조를 받는 미국의 최대 원조 수혜국이다. [45)
물론 텔아비브가 누리는 워싱턴의 원조는 여타 국가들의 그것과 성격
상 근본적으로 다르다는 점은 굳이 말할 필요가 없을 것이다.

유대인들의 영향력

2003년 이라크 전쟁의 배경에 대해 일각에서는 이라크가 워싱턴 주
도의 페트로 달러 시스템에 도전장을 던졌기 때문이라는 시각을 제시
한다. 2000년 11월 사담 후세인은 원유 대금 결제를 달러에서 유로화로
전환하겠다고 발표했으며 실제로 유로로 대금을 받기도 했다. 이라크
전쟁은 이제 막 탄생한 유로화와 기존 헤게모니 달러 사이의 힘겨루기
구도에서 발생했다고 해석할 수 있다. 이러한 배경에서 프랑스인들이
2003년 이라크 전쟁에 반대한 지도자로 인식하고 있는 고 자크 시라크
대통령은 미국의 바그다드 침공 결정을 강력하게 반대하여 파리와 워
싱턴의 관계가 급속도로 냉각됐다.

물론 2003년 이라크 전쟁은 당시 부통령 딕 체니가 주도한 미국 석
유 산업의 이해관계도 개입되어 있었다. 신보수주의자 네오콘neo-con
은 자신들의 영향력을 발휘해, 훗날 이라크에 매장된 석유에 대한 미국
정유 업체들의 우선권을 부여했다. 이라크의 원유 매장량은 1,400만 배
럴로, 3,000만 배럴의 사우디 다음으로 많은 양이다. [46) 네오콘들의 가
장 절친인 딕 체니 미국 부통령이야말로 이런 암묵적 수혜를 가장 많

이 받은 상징적 인물이라 할 수 있다. 1995~2000년 석유 회사 핼리버튼의 CEO를 역임했고 이후 부통령으로서 미국의 에너지 정책 개발을 책임진 그는, 백악관의 전략 및 외교 정책에서 항상 이라크를 우선순위에 두었다. [47]

그럼에도 불구하고 2003년 제2차 걸프 전쟁을 추동한 가장 본질적인 측면은 유대 시온주의Zionism 팽창이 배후에 숨어 있다. 필자는 2022년 9월 출간된 처녀작『다시 생각해야 하는 중동과 글로벌 정치 경제: 동결된 분쟁 얼어붙은 중동』에서 MENA 정치 경제의 절대적 중요성을 강조하였으며, 그중에서도 유대 시온주의 열망이 글로벌 정치 경제에 미치는 파급력에 관해 지난 1세기 전부터 가장 최근인 미국 트럼프 대통령과 이스라엘 네탄야후 총리 집권 시기까지 상세히 다룬 바 있다. 2022년 현재의 중동 정세 구도는 유대 시온주의 팽창과 이에 저항하는 이슬람 혁명 이념의 충돌, 그리고 그 사이에서 터키의 신오토만 팽창주의가 지정학적 이해관계를 추구하고 있다고 분석하면서 중동 정세 분석의 가장 본질적인 측면은 유대 시온주의 팽창이며 트럼프-네탄야후 집권 시기에 이러한 측면이 특별히 부각되었다고 주장하였다.

필자가 달러의 횡포를 집필하게 된 결정적인 계기도 바로 이번 3장의 내용을 독자 여러분들과 공유하고 싶은 마음에서 나왔다. MENA 지정학 측면에서 워싱턴 금융 패권주의 팽창과 텔아비브의 시온주의 열망이 얼마나 치밀하고 조직적으로 결합되어 있는지를 잘 보여 줄 것이다.

주기적으로 격동의 시기를 경험하는 중동을 이해하기 위해서는 워싱턴의 정책과 그러한 미국의 중동 정책에 압도적인 영향력을 행사하는 유대 시온주의 열망을 이해할 필요가 있다. 필자의 처녀작『다시 생각해야 하는 중동과 글로벌 정치 경제: 동결된 분쟁 얼어붙은 중동』과 이번『달러의 횡포』를 차분히 읽어 보면 객관적인 역사적 사실을 통해 현재의 중동과 글로벌 정치 경제를 정확히 이해하고 전망할 수 있는 견고한 지적 토대를 다질 수 있을 것이라 확신한다. 앞서 언급한 스티븐 월트와 존 미어샤이머 두 저자는 2003년 미국의 바그다드 침공의 결정적인 추동력은 이스라엘의 압력과 로비였으며, 사담 후세인 정권이 붕괴된 이후에 이스라엘의 로비는 또 다른 반-이스라엘 및 반-미 국가인 이란 침공으로 모아지고 있다고 주장하였다. 요컨대 미국의 이라크 전쟁과 이란에 대한 위협의 배후에는 이스라엘의 팽창주의가 자리 잡고 있다는 것이다.[48]

사우디의 위험한 '더 라인' 프로젝트와 카타르 월드컵의 화려한 무대를 배경으로 워싱턴과 예루살렘은 조용하게 2022년 11월 마지막 주에 지중해에서 공중 급유기와 전투기를 동원하여 이란 핵 시설에 대한 최대 규모의 합동 장거리 공습 훈련을 실시한 것도 이러한 배경에서 이루어지고 있다. 전 이스라엘 지역협력 장관이자 네탄야후의 긴밀한 정치적 동맹인 전 이스라엘 지역협력 장관 차치 하네그비Tzachi Hanegbi는 2022년 11월 4일 이스라엘 Channel 12 news와의 TV 인터뷰에서 "이란 핵 협상이 붕괴되면 네탄야후가 이란 핵 시설을 파괴할 것"이라고 전망했다. 이스라엘의 심화되는 정치 우경화의 물결을 타고 역대 최장수 총리 기록을 갈아 치우며 2022년 12월 30일 새로운 내각을 구성한 신임 총리 네탄야후는 신정부의 주요 의제는 이란 핵 개발 저지임을 공식화했다.

2022년 12월 20일 서방과 아랍 언론은 미 대통령 바이든이 The Iran nuclear deal 'is dead'라고 언급한 영상이 소셜미디어를 통해 유포되고 있음을 보도했다. AFP는 동 영상이 지난 11월 미 중간 선거 유세 기간 핵 협상과 관련하여 한 기자의 질문과 관련이 있다고 보도했다. 동 기자가 'JCPOA is dead'이라는 사실을 공식적으로 발표할 것이냐고 묻자, 바이든은 "It's dead but we will not announce it. It's a long story"라고 답변했다. 이란 핵 협상을 둘러싼 지정학적 각축과 관련해서는 필자의 처녀작 제4장 '이란 핵 문제와 오바마 중동 정책의 망령'에서 상세하게 분석돼 있다.

네오콘(신보주의자)의 영향력

1997년, 윌리엄 크리스톨Robert Kagan과 로버트 케이건William Kristol 이라는 네오콘 학자는 워싱턴에 '아메리카 신세기 프로젝트PNAC'를 설립했다. 이 단체의 주된 목적은 전 세계에 주둔하는 미군의 군사력 보강을 위한 싱크탱크였으며, 2006년 해체될 예정이었다. 1998년 1월 26일, PNAC는 민주당 빌 클린턴 대통령에게 공개 서한을 보내, 바그다드에 대한 워싱턴의 정책이 유명무실하다고 비난하며 무력으로 사담 후세인을 타도할 것을 촉구했다. [49)] PNAC는 1991년의 과제 완료, 즉 사담 후세인을 정권에서 축출하는 것이 절실하다고 판단했다. 앞서 공화당 출신의 대통령 조지 부시 1세가 이에 대해 결단을 내리지 못한 결과, 쿠웨이트를 해방시킨 미군 병력이 후세인 정권 타도에 실패했다는 것이다. [50)] 이 문서에 서명한 이들 중에는 2001년 조지 부시 2세 시절 요직을 차지한 몇몇 정부 인사들이 있었다. 럼스펠드와 울포위츠는 물론 백악관 중동 보좌관 엘리엇 에이브럼스, 국무부 군축 및 국제안보담당 차관 존 볼턴, 펜타곤 산하 싱크탱크인 국방정책 자문위원장 리처드 펄 등이다. [51)]

부시 행정부의 부통령 딕 체니의 말에 귀를 기울인 이 인사들은 이라크 대통령의 몰락이 중동을 재편하고, 중동에 미 군사력이 보장하는 새로운 민주주의 질서를 심어 줄 것이라고 믿었다. 그렇게 되면 모두 미국의 동맹국인 이스라엘과 걸프 군주국들을 영구적인 위험에서 확실히 구할 수 있을 것으로 봤다. 이라크 공격이 있기 몇 달 전 다시 한번 케이건과 크리스톨은 "이라크를 재건하고 민주적 통치를 여는 데 미국이 주력함으로써, 사담 후세인에 대한 긴박하고 파괴적인 공격은 아랍 세계에 긍정적인 충격파를 가져오게 될 것"이라고 주장했다. [52)53)] 두 명의 네오콘이 주창한 2003년 이라크 전쟁이 불러올 긍정적인 충격파는 이미 1991년 제1차 걸프 전쟁을 통해 여실히 드러났다. 1990년대 초반 소련 연방의 해체와 1차 걸프 전쟁이 불러온 '충격과 공포Shock and awe'를 배경으로 워싱턴과 텔아비브는 MENA 지역 팽창 정책을 본격화한다. 이스라엘 유대 시온주의 열망과 워싱턴 달러 금융 패권주의를 위한 영토 확대라는 이해관계가 절묘하게 맞아 떨어지게 된다. 이러한 거대한 파고는 몇 년 후인 1997년 IMF 외환 위기를 통해 동아시아로 밀려와 우리의 삶을 파괴해 버렸다.

유대 시온주의와
달러의 이해관계 수렴

냉전이 종식되자 신자유주의neo-liberalism를 보편적으로 수용하는 분위기가 형성되었다. 아니 엄밀한 의미에서 강요되었다고 할 수 있다. 여러 가지 요인이 거론될 수 있겠지만 적어도 MENA 지역에서 이러한 흐름은 두 가지로 설명될 수 있다. 하나는 1990~1991년 제1차 걸프 전쟁이며, 또 다른 하나는 동 전쟁의 결과가 가져다준 중동 지역에서 미국의 헤게모니 지위 강화이다. 물론 여기에는 유대 시온주의zionism의 열망이 깊숙이 자리 잡고 있다는 점도 간과해서는 안 된다.

철의 장막 붕괴 이후 2022년 현재까지 중동 지역에서 유대 시온주의 팽창은 세 번의 큰 파고를 만들어 냈다. 첫 번째가 1990년대 초반에 전개된 비군사적 수단을 통한 중동 질서 재편으로 1993년 이스라엘과 팔레스타인 간에 체결된 오슬로 협정을 시작으로 팽창을 본격화했다. 그다음의 물결은 부시 행정부가 조장한 2003년 이라크 전쟁을 시작으로 하는 지정학적 판도 변화였다. 그 여파로 이란의 역내 팽창이 본격화되고 2006년 이스라엘과 헤즈볼라가 군사적으로 충돌하게 되었다. 가장 최근의 중동 역학 구도 변화는 트럼프-네탄야후가 이끌어낸 아브라함 협정 체결이라고 할 수 있다. 미국이 지난 30년간 구축한 금융 패권주의의 무기 달러와 경제 제재를 동원하여 군사력에 의존하지 않고 지정학적 목적을 달성한 것이다. 바이든 행정부하에서 유대 시온주의 열망은 상대적 동면 상태에 처해 있다고 진단할 수 있다. 2024년 미 대통령 선거 결과의 여파는 또 다시 중동 정치 지형에 지각 변동을 초래할 여지가 매우 크다고 할 수 있다. 특히 친이스라엘 성향의 공화당 출신 미 행정부 출범은 이러한 지정학적 격변의 보증 수표 역할을 할 것이다.

1990년대 초반까지, 석유 노다지가 가져다준 기회를 통해 걸프 국가들은 엄청난 부를 축적했다. 미국과 이스라엘의 팽창 물결에 편승하여 대부분의 중동 국가들은 신자유주의 정책을 적극 수용했다. 이러한 정책들의 목표는 외국 자본에 시장을 개방하고, 국경 간 자본의 흐름에 대한 제한을 철폐하고, 국영 기업을 민영화하고, 각국의 주식 시장을 확대하는 것이었다. 걸프 국가들은 이들 신자유주의 정책을 적극적으로 받아들였으며, 1997년 국제통화기금은 이들 걸프 국가들을 신자유주의 개혁의 롤 모델로 치켜세웠다. 조건부 협정이라고 할 수 있는 IMF 구조 조정 프로그램의 신용공여조건협정conditionality agreements과 세계은행의 자금 지원에 대한 반대급부로 폭넓은 민영화 프로그램과 공공 서비스에 대한 감축 계획이 실행되었다. 이와 동시에 역내 주식 시장은 급격한 자본화를 경험하면서 외국 자본에 무방비로 노출되게 된다. 또한 이집트, 요르단 및 걸프 지역에서 자유무역 지대와 특별 산업 지대가 창설되었다. 그러나 이러한 신자유주의적 경제 체제는 외국 투자자 유치를 위해 최소한의 노동자 권리만을 보장하고, 저임금, 낮은 세금 및 수익의 완전한 본국 송금이라는 불공평한 인센티브를 제공했다.

신자유주의적 중동 질서 재편

냉전에서 승리하여 무소불위의 권력을 얻게 된 미국은 전 세계 경제를 신자유주의적 질서로 재편하기 위한 움직임을 본격화한다. 잠시 후 다루겠지만 한국이 1997년 외환 위기를 겪으면서 IMF에 구제 금융을 신청하고, 이 과정에서 자본 시장을 완전히 개방할 수밖에 없었던 것도 미국 주도의 거대한 신자유주의의 흐름이 어떠한 의미와 여파를 가져올지를 정확히 이해하기 못했기 때문이다. 필자는 글로벌 정치 경제의 저변에 흐르는 본질적인 흐름을 간파하기 위해서는 중동 지역을 면밀히 관찰할 필요가 있음을 주장한다. 1997년 아시아 외환 위기가 발생하기 이전에 중동 지역에서는 이미 신자유주의 광풍이 불고 있었으며, 많은 나라들은 이러한 흐름에 속절없이 순응할 수밖에 없었다. 이제 우리는 1990년대 초반 워싱턴과 텔아비브의 이해관계 수렴이 중동 정치 경제 질서 재편에 어떻게 반영되었는지를 확인해 보자.

1990년대 신자유주의적 중동 질서 재편은 세 가지 축을 중심으로 견고하게 구축된다. 신자유주의, 자본의 국제화 그리고 이스라엘과 아랍세계의 관계 정상화를 통해 미국은 역내 국가와 지역 관계를 재편성했다. 그러나 이러한 질서 재편의 가장 두드러진 특징은 무엇보다도 미국이 주도하는 이스라엘과 아랍 세계의 관계 정상화를 통해 아랍 세계에서 이스라엘의 고립을 완화하는 것이었다. 관계 정상화는 중동 신자유주의 정치 질서의 핵심적인 위치를 차지했다. 왜냐하면 자본 국제화가 심화되기 위해서는 자본, 상품 및 노동력이 아무런 제약 없이 국경을 이동할 수 있어야 했으며, 특히 이스라엘이 아랍 지역 경제에 통합되는 정치적 프레임이 필요했기 때문이었다. 아담 하니에Adam Hanieh는 자신의 2010년 논문『The internationalization of Gulf capital and Palestine class formation』에서 중동 지역 걸프 자본의 국제화는 지난 20년간 중동 지역 자본주의 발전의 가장 특징적인 측면이었음을 논증하였다. 특히 이스라엘이 점령하고 있는 팔레스타인 서안 지구와 가자 지구에 형성된 자본주의를 완전히 이해하기 위해서는 걸프 자본의 국제화와 이들 두 지역에 대한 이스라엘의 점령 정책의 필요성이라는 절대 명제imperative 두 가지 요소를 통합 이해하여야 한다고 주장하면서 중동 지역에서 워싱턴과 텔아비브의 힘의 투사가 가져오는 정치적 함의를 강조하였다. [54]

오슬로 협정Oslo Accords

워싱턴-텔아비브 듀오의 MENA 지역 팽창 정책의 첫 번째 단계는 이스라엘과 팔레스타인해방기구PLO 사이의 1993년 체결된 오슬로 협정 Oslo Accords이다. 미 백악관에서 빌 클린턴 전 대통령의 따스한 포옹 속에서 이스라엘 이착 라빈 총리와 팔레스타인해방기구 사무총장 야세르 아라파트가 악수를 하는 모습은 중동 평화의 상직적인 모습으로 영원히 각인되었다. 오슬로 협정을 통해 탄생한 팔레스타인 자치 정부 Palestinian Authority(PA) 수립을 통해 오슬로 협정은 서안 지구West Bank 와 가자 지구Gaza Strip에 거주하는 팔레스타인들에게 제한적인 자치권만 부여받았다. 이로 인해 1990년대를 거치면서 이들 두 팔레스타인 지역은 남아프리카 공화국 인종 차별 정책인 아파르트헤이트Apartheid 일환인 반투스탄Bantustan(남아공 백인 정권이 흑인들을 강제로 격리시키기 위해 설립한 자치령 및 괴뢰국들의 통칭)과 유사한 상황으로 발전하게 된다. 이스라엘은 팔레스타인들의 이동, 상품의 출입, 고립된 지역인 서안 지구와 가자 지구에서의 경제 발전에 대한 완전한 통제권 획득을 통해 팔레스타인 지역 고립화를 추구했기 때문이다. 이와 동시에 이러한 과정은 소위 '평화 협상'과 선진 자본주의 국가들의 승인이라는 정치적 프레임 아래서 진행되었기 때문에, 오슬로 협정과 후속 협정들을 통해 이스라엘은 더 넓은 중동 지역과 관계 정상화를 심화시킬 수 있었다.

MENA 정상회담

지역 수준에서 오슬로 프로세스는 메나 경제 정상회담MENA Economic Summits으로 더욱 강화되었다. 1994년부터 1998년 사이에 매년 개최된 일련의 정부 간 회담을 통해 신자유주의, 국제화 및 관계 정상화라는 3중 전략이 더욱 발전된 모습을 보이게 되었다. 이러한 정상 회담은 아랍 국가들과 이스라엘 간의 경제적 상호 의존성을 창출하고, 양측 사이의 인적 교류를 확대하며, 무역, 투자 및 발전을 증진하는 것을 목표로 하였다. 첫 번째 MENA 정상회담은 1994년 모로코 카사블랑카에서 개최되었으며, 여기에는 아랍 국가들뿐만 아니라 이착 라빈 이스라엘 총리와 외교장관 시몬 페레스 그리고 130여 명의 이스라엘 기업인들이 참석하였다. 참석자들은 이스라엘에 대한 아랍 세계의 경제적 보이콧을 해제하기 위한 조치를 취하고, 중동 상공 회의소를 창설하기로 합의하였다.

두 번째 정상회담은 1995년 요르단 수도 암만에서 개최되어 지역 민간 분야 투자 확대 증진 및 민관 파트너 사업 공고화를 위한 방안이 논의되었으며, 이를 실행하기 위한 '경제 정상회담 집행 사무국'이 설치되었다. 이러한 회담의 밑바탕에 흐르는 신자유주의 정신은 1996년 11월 이집트 카이로에서 '미래 구축과 투자자 친화적인 환경 창조'라는 주제 아래 열린 3차 MENA 정상회담에서도 유지되었다. 카이로 회담의 최종 결의안은 "중동 지역의 경제, 통상 및 무역의 잠재력이 역내 많은 국가들이 착수한 중요한 경제 개혁 프로그램을 통해 상당히 진전되고 있다. 민영화, 구조 조정 및 무역 장벽 제거를 포함하는 이러한 개혁 조치들은 중동 지역 기업 친화적인 경제 환경을 제공해 왔다."고 평가했다. 2000년 서안 지구와 가자 지구에서 발생한 팔레스타인 봉기Intifada로 인해 이러한 신자유주의의 흐름이 잠시 주춤하는 듯 했으나 미국 정부의 중동 자유무역 지대 메프타Middle East Free Trade Area(MEFTA) 창설 발표로 신자유주의 3대 축은 더욱 강화되게 된다.[55]

메나MENA에서 메프타MEFTA로

미국이 여러 나라와 FTA를 체결하려고 시도한 가장 근본적인 이유는 달러가 자유롭게 유통되는 시장 확대를 통해 달러 금융 패권주의를 구축하는 데 있었다. 자유무역협정으로 대변되는 경제적 신자유주의 질서 구축의 가장 중요한 결과는 중동 지역에서 자본의 국제화가 질적으로 심화되었다는 점에 있다. 2000년대 중동 지역에서 미국의 달러 제국 확대를 위한 전방위적 공세를 이해하기 전에 잠시 2000년대 초반 한국적 상황을 먼저 살펴보자. 미국산 쇠고기 수입, 스크린 쿼터 축소, 법률 및 쌀 시장 개방 등 한미 자유무역협정 체결을 둘러싼 굵직한 현안들로 온 나라가 혼란에 빠져 있던 당시 상황을 많은 사람들은 기억할 것이다.

2007년 4월에 최종 타결된 한-미 FTA 성공을 위한 미국의 정치 경제적 공세는 이미 1980년대 후반부터 시작되었다. 1989년 미국 국제무역 위원회 보고서 '아태 지역 국가들과의 FTA 체결에 대한 검토 보고서'에 서 미국에 바람직한 FAT 대상 국가로 싱가포르, 대한민국, 중화민국을 꼽으면서 협정 체결에 대한 논의가 시작되었다. 이후 미국은 의회, 재 계 및 통상대표부 등 여러 채널을 통해 협정 체결을 압박해 왔다. 그 결 과 2006년 당시 고 노무현 대통령은 한미 FTA는 굴욕적인 협상이라고 비난하는 반대 목소리에도 불구하고 미국과의 FTA 협상을 공식화했다.

2003년 미국의 이라크 침공이 초래한 공포심을 배경으로 그해 중순 워싱턴은 중동 지역을 경제적으로 더욱 긴밀히 연결시켜 2013년까지 단일의 신자유주의 경제 지역으로 만들겠다는 메프타MEFTA를 발표했 다. 메프타는 중동 지역에 미국 주도의 자유무역 지대 창설을 위한 전 략 구상으로 MENA 지역 서쪽은 이스라엘 자본이, 동쪽 지역은 걸프 자 본을 중심으로 형성될 예정이었다. 발표와 동시에 미국의 통상 대표들 은 중동 지역 개별 국가들과 일련의 자유무역 협정 체결을 위한 협상에 돌입했다. 워싱턴은 걸프 지역이 이러한 전략 추구에 있어서 핵심적인 축의 기능을 할 것이라는 판단 아래 특히 초점을 두었다. 걸프 지역은 역내 신자유주의 경제 정책을 확산시키기 위한 관문으로서의 역할을 할 수 있기 때문이었다.

미국의 전략은 역내 우호적인 국가와 개별적인 협상을 통해 궁극적 으로 전면적인 자유무역협정 체결로 이어지도록 하는 것이었다. 그런

다음 이러한 개별적인 FTA는 전 중동 지역이 미국의 영향력 아래 귀속될 때까지 시간을 가지면서 서로 유기적으로 연결시키는 구상이었다. 2004년 9월 14일 미국-바레인 FTA가 서명됐으며, 2006년 1월 미 의회에 의해 동 협정 동의와 합의 이행을 위한 법안이 통과되었다. 2005년 9월 워싱턴은 오만과 FTA 협정 기본 원칙에 합의한 이후, 2006년 1월 19일 양국의 FTA는 정식 서명 절차에 들어갔다. 2005년 워싱턴은 중동 지역 미국의 최대 수출 시장인 UAE와 자유무역협정 체결을 위한 협상에 착수했다. 이와 함께 당시 쿠웨이트와 카타르도 미국과의 FTA 체결에 관심을 표명하였다.

그러나 친이스라엘 성향의 공화당 부시 행정부의 중동 정책과 대립각을 세운 오바마 행정부가 2009년 출범하면서 미국의 이러한 전략 추진은 잠시 동면 상태에 들어가게 된다. 워싱턴이 걸프 지역 국가들과 추진한 이러한 모든 협상들은 궁극적으로 미국과 이집트, 이스라엘, 요르단 및 모로코와 체결한 여타 지역 경제 협정을 보완하는 것으로 의도되었다. 오바마 행정부와 사사건건 충돌해 온 이스라엘은 트럼프 행정부 출범으로 팽창 정책을 위한 세기의 기회가 찾아온다. 트럼프 중동평화안 '세기의 거래'는 이스라엘과 아랍 세계의 평화 협정인 '아브라함 협정' 체결이라는 결실을 맺었으며, 그 추동력은 2022년 6월 이스라엘-UAE 자유무역협정 체결로 이어졌다. 당시 나프탈리 베넷 이스라엘 총리는 "이스라엘과 아랍 국가 사이에 최초로 역사적인 FTA를 체결했다."고 밝혔으며, 모하메드 알 카자 주이스라엘 UAE 대사는 '전례 없는 성과'라고 평가했다. 한-이스라엘 자유무역 협정은 2022년 12월부터 발효에 들어갔으며, 텔아비브는 일본과도 현재 무역 협정 체결을 위한 협상을 진행하고 있다. [56]

적격 산업 단지Qualified Industrial Zones(QIZs)

미국-이스라엘 자유무역협정ILFTA은 양국 무역 증진을 위해 이스라엘에서 생산된 상품에 대해 무관세 정책을 펼치는 것을 골자로 하여 1985년 9월에 발효되었다. 이후 ILFTA 이행 조항은 1996년 10월 개정되어 웨스트 뱅크, 가자 지구, 적격 산업 단지Qualified Industrial Zones(QIZ)에서 생산된 제품이 특정 요건을 만족하는 경우 면세가 허용된다. 우리가 여기서 특히 주목해야 할 부분은 적격 산업 단지이다. 워싱턴은 역내 두 개의 아랍 국가인 요르단과 이집트에 소위 적격 산업 단지Qualified Industrial Zones(QIZs) 창설을 위해 미국, 이스라엘, 요르단 및 이집트 간에 일련의 경제 협정 체결을 추진한다. 자본의 국제화와 아랍-이스라엘 관계 정상화라는 긴밀한 연결 고리는 적격 산업 단지 창설을 통해 더욱 견고해진다. 이는 결과적으로 메프타MEFTA의 지정경학적 함의를 잘 드러내 주고 있다. 적격 산업 단지QIZ에서 생산된 수출품은 투입물의 일정 수준 이상이 이스라엘에서 생산되었다는 놀라운 요건을 충족시키는 경우 미국 관세 당국이 제공하는 면세 혜택을 누릴 수 있다. '적격'의 정치적이고 지정학적인 의도를 잘 보여 주고 있다.

요르단 적격 산업 단지에 대한 투자는, 아시아, 걸프 및 기타 중동 투자자들이 대세를 이루고 있었으며, 이들은 갭Gap, 월마트Walmart 및 여타 의류 소매점과 같은 대기업들을 위한 하청 역할을 충실히 이행했다. 따라서 이들 적격 산업 지대는 저임금 노동자 착취를 통해 이스라엘과 아랍 자본을 통합하면서 동시에 미국 시장과 긴밀히 연결하는 역할을 하고 있다. 2007년 미 정부는 요르단에 창설된 적격 산업 지대에서 수출된 생산품이 요르단의 전체 미국 수출량의 70%를 차지하고 있다고 발표했다. 2004년 이집트는 미국과 이스라엘과의 협정을 통해 최초의 적격 산업 지대를 설립했다. 그 이후 3개 지역에 추가적인 QIZ가 승인되었으며, 2006년까지 적격 산업 지대에서 생산된 이집트의 대미 수출 비중은 카이로 총 수출의 26%에 이를 정도로 2배가 되면서 미국 경제 구조에 깊숙이 편입된다. [57] 카이로는 2022년 기준 약 1,600억 달러(한화 208조)에 이르는 외채와 높은 수입 의존도로 인해 우크라이나 전쟁으로 직격타를 입었다. 이에 2022년 10월 IMF는 아랍의 봄 이후 3번째로 30억 달러 구제 금융을 제공하기로 결정했다. 카이로는 아르헨티나에 이어 IMF 2대 채무국으로 정치 격변기인 2016년 120억, 2020년 80억 달러를 이미 지원받은 바 있다.

IMF 이중 잣대와 중동 지정학

지난 반세기 이상의 글로벌 경제 역사는 IMF, World Bank 및 서방이 어떻게 자본주의를 활용하여 제3세계 국민들의 노동력을 착취하였는지를 여실히 보여 주고 있다.[58] 이제 우리는 좀 더 세부적으로 들어가서 MENA 지역에서 워싱턴과 텔아비브가 IMF를 활용하여 어떻게 자신들의 정치 경제적 이해관계를 증진시켜 왔는지를 살펴보도록 하자. 제인 해리건Jane Harrigan, 첸강 왕Chengang Wang, 하미드 알-사이드Hamed El-Said 등 3명의 학자는 자신들의 2005년 공동 논문 『The Economic and Political Determinants of IMF and World Bank Lending in the Middle East and North Africa』에서 중동 지역에서 국제통화기금과 세계은행의 자금 지원은 이 두 기관의 최대 주주인 미국의 지정학적 이해관계의 영향력 아래에서 진행되어 왔음을 논증하였다.[59]

앞서 우리는 1990년대 초반 미국이 중동 지역에 신자유주의 자본주의를 이식하는 과정에서 이러한 질서 재편의 가장 두드러진 특징은 미국 주도로 이스라엘과 아랍 세계의 관계 정상화를 통해 아랍 세계에서 이스라엘의 고립을 해소하는 것이었다고 설명한 바 있다. 이스라엘과 팔레스타인 간의 오슬로 협정, 이스라엘과 요르단의 평화 협정 체결이 바로 그것이다. 특히 요르단과의 협정 체결 전후의 IMF 자금 지원 행태는 국제통화기금이 반이스라엘 및 반미 성향이 강한 알제리에 대해 보인 대부 행태와는 극단적인 차이를 보이고 있다. 요컨대 미국과 이스라엘은 자신들의 지정학적 요구에 순응하는 이집트와 요르단에 대해서는 대대적인 지원을 하는 반면에 적대적 태도를 견지한 알제리에 대해서는 자금 지원 창구의 빗장을 걸어 버렸다. 한편 중동 지역 신자유주의의 우등생 튀니지와 모로코에 대해서는 자금 지원 창구를 언제든 개방하는 이중적인 태도를 견지했다.

아랍 세계의 '트로이의 목마' 이집트

지난 반세기 이상의 아랍 세계와 이스라엘의 전통적인 대결 구도에서 이집트는 과거 1960~70년대 중동 최대의 군사 강국에서 현재 만성적인 IMF 자금 지원 요청국으로 전락해 버렸다. 1973년 제4차 중동 전쟁에서 영웅으로 부상한 이집트 대통령 사다트는 가장 먼저 아랍 세계를 배신하여 1981년 전쟁 기념 열병식에서 무슬림 형제단 소속 이슬람주의자 군인들에 의해 암살당했다. 1978년 이집트는 이스라엘과 평화 조약을 체결하는 최초의 아랍 국가가 되면서 양국의 전시 상태는 공식적으로 종료된다. 그 이후 카이로는 악명 높은 인권 상황에도 불구하고 미국 대외 원조금을 꾸준히 지원받는 국가의 지위를 누려 왔다. 또한 개혁 조치의 질과 속도 면에서 모로코나 튀니지에 크게 뒤쳐졌음에도 불구하고 IMF/WB의 지원은 이어져 왔는데 특히 두 번의 지원금은 명백히 정치적 고려에 의해 이루어졌음을 보여 주고 있다.

이집트가 없었더라면 1990~91년 미국 주도의 제1차 걸프 전쟁을 지지하는 아랍 세계의 공식적인 입장 표명을 없었을 것이다. 이집트는 아랍 세계의 전쟁 지지 선언을 이끌어 냈으며, 1990년 이러한 목적을 위해 긴급 아랍 정상회담까지 개최를 주도했다. 썩은 동아줄을 잡아 외교적 고립에 처한 요르단과는 다르게 카이로는 쿠웨이트 해방을 위해 미군과 나란히 자국의 병력까지 파병했다. 1991년 5월 전쟁 종료 3개월 후, 이집트는 IMF로부터 2억 3천 4백만 달러, 세계은행으로부터 3억 달러의 자금을 지원받았다. 더 나아가 이집트는 제1차 걸프 전쟁에 대한 강력한 지원과 노력에 대한 반대급부로 서방으로부터 150억 달러의 부채 탕감이라는 선물을 받았다. 그 규모는 당시 MENA 역사에서 최대 규모의 부채 탕감debt forgiveness 조치였다.[60]

바나나 공화국Banana Monarchy 요르단

한국에 경제 부흥기를 가져다준 저유가-저달러-저금리라는 삼저 호황과는 대조적으로 국제 유가 하락으로 인해 중동 산유국과 비산유국들은 오히려 경제적 어려움에 봉착한다. 국내외적으로 심각한 정치 경제적 위협에 직면한 요르단은 1989년 국제통화기금과 세계은행IMF/WB에 결국 의존하게 된다. 동 기간 전후 암만이 경험한 양자 및 다자적 자금 지원의 경험은 대외적 자금 유입이 서방의 주요 공여국의 정치적 이해관계와 압력에 크게 영향을 받고 있음을 잘 보여 주고 있다. 1973년 아랍-이스라엘 전쟁과 미국에 대한 아랍의 석유 금수 조치 이후 워싱턴은 당시 요르단 국왕 후세인이 이스라엘과 개별적으로라도 평화 협정을 체결하도록 압력을 가했다. 그러나 당시 요르단 인구의 절반 이상이 팔레스타인 출신으로 이루어져 있었으며, 팔레스타인해방기구의 직접적인 참여는 고사하고 암묵적인 지지가 없는 상황에서 암만이 텔아비브와 개별적인 평화 조약을 체결하는 것은 정치적 자살 행위와 다름없는 것이었다. 미국이 후세인 국왕에 대해 느끼는 실망감은 커져 가게 되었으며 이는 결국 1978년 요르단에 대한 미국의 원조 중단으로 이어지게 되었으며, 요르단은 IMF와 WB의 총애도 잃게 된다.

하지만, 1980년대 후반 요르단 국왕 후세인과 팔레스타인해방기구 PLO 의장 아라파트 간의 긴장은 이스라엘과의 평화 협정 체결시 누가 팔레스타인을 대표하는가 하는 문제를 둘러싸고 양측의 균열로 이어지게 된다. 후세인은 결국 이스라엘과의 비밀 협력이라는 기존 방식에 의존할 수밖에 없게 된다. 1988년 후세인은 팔레스타인 서안 지구와 가자 지구West Bank and Gaza Strip: WB/GS와의 모든 경제적 행정적 관계 단절을 선언해 버린다. 요르단 내 팔레스타인들이 암만의 민간 부문을 장악하고 있는 상황에서 양 지역과의 관계 단절은 요르단 팔레스타인들의 정치적 미래와 생존에 관한 불안정성을 초래하게 된다.

이로 인해 이들 요르단 팔레스타인들은 암만에서 대규모 자본을 거두어들이게 되고, 투자와 경제 활동 축소를 단행하면서 1989년 요르단 최초의 대규모 은행 및 금융 위기를 초래하게 된다. 6개월 기간 동안 요르단 디나르Dinar는 명목 가치의 50% 이상을 상실하고, 대외 부채는 지속 불가능한 수준에 도달하고, 일인당 국민 소득의 절반이 허공으로 사라지게 된다. 연이은 폭동 사태에 직면한 후세인 국왕은 전술적인 조치를 취하게 된다. 1976년 중동 전쟁 이후 중지되었던 의회 선거를 1989년 회복하고, 정당을 합법화하였으며, 언론의 자유 확대를 재가하게 된다. 1989년 7월 IMF는 요르단과 대기 협정Standby Agreement 체결을 통해 6천만 달러의 특별 인출권Special Drawing Rights:SDR을 허용하고, 세계은행은 1억 6천만 달러의 부문 조정 융자Sectoral Adjustment Loan: SECAL를 제공하게 된다.

중동 지역 외세의 개입에 대한 암만 내부의 강력한 저항에 직면해 요르단은 1990-91 걸프 전쟁에서 중립 정책을 취하고, 미국 주도 연합국의 이라크 공격을 공개적으로 지지하는 것을 거부하게 된다. 이로 인해 미국과 걸프 지역 아랍 동맹국의 요르단에 대한 원주 자금 유입은 완전히 중단되게 된다. 더 나아가 암만이 IMF와 세계은행과 체결한 협정이 잠정적으로 중지되었으며, 1989년 IMF와 체결한 대기성 자금의 3분의

2 이상이 IMF 금고에서 여전히 머물게 된다. 재정적 압박, 국제적 고립 및 지역적 배척 상황에 직면한 암만에 대한 미국 주도의 압박은 후세인의 정책 변화로 이어지게 된다. 요르단 국왕 후세인은 이라크 사담 후세인을 비난하기 시작하며, 이라크에서 정권 교체를 공개적으로 언급하였으며, 더 나아가 이라크 야당 인사들을 암만으로 받아들이기까지 한다. 이러한 정책 변화 이후 1992년 2월 암만은 IMF와 새로운 대기 협정을 통해 4천 4백 4십만 달러의 추가 자금을 지원받게 된다.

1990년대 중반 이후 암만은 이스라엘에 대한 평화 제의에 대한 보상으로 더 많은 자금 지원을 받게 된다. 1993년 요르단은 1991~92년의 오슬로 협정Oslo Accord 틀에서 이스라엘과 직접 협상에 착수하여, 10월 '토지, 수자원, 난민 및 무기 통제에 관한 공동 의제 협정'을 체결한다. 같은 달 세계은행은 8천만 달러의 부문 조정 융자SECAL를 제공한다. 뒤이어 1994년 5월 IMF는 1억 3천만 달러의 확대 신용 공여Extended Fund Facility 자금을 제공한다. 요르단은 1994년 와디 아라바Wadi Araba에서 이스라엘과 공식적으로 평화 협정을 체결하여 46년간 지속된 양국의 전시 상태를 종식시킨다. 평화 협정 체결 이후 요르단은 세계적으로 미국 원조의 최대 수혜국이 되었을 뿐만 아니라 6차례의 세계은행 자금 지원과 3차례의 IMF 재정 지원의 혜택을 받게 된다.

국제기구의 암만에 대한 자금 지원의 정치적 타이밍에 특히 주목할 필요가 있다. 요르단 농업 부문 지원을 위한 8천만 달러의 세계은행 부문 조정 융자 자금은 와디 아라바 협정 체결 불과 3개월 만에 전격적으로 이루어졌다. 같은 해 미국은 8억 3천 3백만 달러 상당의 요르단의 대외 부채를 탕감write-off해 주었으며, 암만에 첨단 무기까지 제공해 주었다. 1995년 10월 세계은행은 4번째로 8천억 달러의 부문 조정 융자를 제공해 주었다. 이는 팔레스타인 서안지구에서 행정적 권한은 팔레스타인 자치 정부Palestinian Authority에 부여하고 이스라엘은 서안지구에서 부분적으로 철수하기로 합의한 오슬로 협정OSLO Ⅱ Accord이 체결된 지 불과 1개월 만에 단행된 것이다. [61]

깡패 국가rogue state 알제리

1970~1980년대 알제리는 비공산권 서방 사회에 의해 깡패 국가로 인식되어 왔다. 1974년 알제리는 이집트와 아랍의 많은 국가들이 채택한 개방(아랍어로 인피타흐infitah) 정책을 거부했다. 민간 부문의 우위성, 서방의 투자에 대한 개방 그리고 미국 헤게모니 수용이라는 큰 흐름과는 역행해 부메디엔Boumedienne 알제리 대통령은 1976년 새로운 사회주의 헌법과 이슬람 국가를 도입했으며, 그의 후임자 샤들리 벤제디드Chadli Bendjedid에 의해 이슬람 운동은 더욱 강화되었다. 벤제디드 재임 기간 알제리는 석유와 가스 산업의 성공적인 발전과 급속한 산업화를 이룩했으나, 서구는 당시 반미 성향의 정권에 대해 매우 적대적 입장을 고수했다. 1980년 알제리는 기존의 수입 대체 산업화 전략의 결함이 초래한 비효율을 극복하기 위해 성공적인 자유화 프로그램에 착수

한다. 이러한 프로그램은 IMF/WB의 표준적인 프로그램과 다른 점이 거의 없었음에도 불구하고 친서방의 모로코나 튀니지와는 정반대로 알제리는 이러한 국제기구로부터 아무런 재정 지원을 얻지 못했다. 모로코와 튀니지가 연례 대외 부채의 3분의 1 이상을 차입국에 유리한 양허 조건concessional terms으로 지원받았음에 반해 알제리는 1980년대 초반과 중반 자신들의 개혁 프로그램을 위한 자금의 대부분을 시장 이율로 융통해야 했으며 양허 조건부 지원금은 전체 대외 부채의 3%에 불과할 뿐이었다.

높은 이율의 자금을 통한 개혁 프로그램은 그러나 대외 부채의 급증을 초래했다. 1986년 국제 석유와 가스 가격의 급락과 1988년 알제리 통화의 대규모 평가 절하devaluation로 인해 물가와 실업률이 폭등했으며, 이로 인해 반정부 움직임이 심화되었다. 이러한 정치 경제 위기로 알제리는 대내외 정책 변화가 초래되었다. 군부를 제약하고 야당의 정치 참여를 허용하는 새로운 헌법이 도입되었다. 1989년 초반 알제리는 급진 이슬람의 확산을 방지하고 마그랩Maghreb 지역과 유럽연합의 긴밀한 관계 형성을 도모하는 새로운 아랍 마그랩 연맹Arab Maghreb Union에 가입한다. 요르단과 마찬가지로 알제리의 새로운 친서방 노선은 알제리 국내 정치 자유화 움직임과 결부되어 IMF/WB의 지원이 곧 도래할 것이라는 신호로 받아들여졌다. 1989년 5월 IMF는 1억 5천 6백만 달러의 대기성 자금을 지원했으며, 그 뒤를 이어 9월에는 세계은행이 3억 달러의 구조 조정 자금 지원 보따리를 풀었다. 1989~1999년 기간 동안 알제리는 총 4차례의 IMF 지원과 총 4차례의 세계은행 구조 조정 자금을 지원받는 데 성공한다. 이들의 지원 사례는 IMF의 이중적 잣대를 통한 정치적 행보를 잘 보여 주고 있다.

1978년 알제리는 부의 축적과 재분배가 사회 불평등을 강화하고 지대 경제rentier economy의 본질이 가감 없이 그대로 노출되는 성급한 자유화에 돌입하면서 위기의 씨앗이 잉태되기 시작했다. 1980년대 말에 발생한 대외 부채 위기는 국고가 바닥난 상황에서 찾아온 1986년의 저유가로 인해 더욱 심화되게 되면서 국가에 의한 석유 지대 재분 정책이 근본적으로 도전을 받게 된다. 또한 부의 불평등 분배에 의해 정치적 정당성이 없는 사회 계층이 부상하고, 사회 계약이 붕괴되면서 1988년의 위기로 이어지게 된다. [62] 벤제디드 대통령의 정치 자유화는 알제리 이슬람 정당 '이슬람 구원 전선The Islamic Salvation Front'의 선거 승리로 이어지게 된다. 서방은 이슬람 세력의 부상으로 궁지에 몰린 벤제디드 대통령은 구원하기 위해 1991년 6월 IMF와 WB를 통해 각각 3억 달러와 3억 5천만 달러의 긴급 자금 지원에 나섰는데, 이는 그 당시 MENA 지역 최대 규모의 세계은행 지원금 수준이었다.

알제리의 개혁 정책의 일환인 정치 다원주의 시도로 자유주의 세력이 아닌 회교 원리주의Islamic fundamentalism자들의 급성장을 가져오게 된다. 이에 1992년 알제리는 군부 쿠데타를 시작으로 내란에 접어들게 된다. 군부는 이슬람주의자들에 대해 가혹한 억압을 자행하면서 냉전 이후 미국이 이슬람을 새로운 공산주의로 규정하는 정치 이데올로기 물결에 적극적으로 편승한다. 알제리 군부는 테러와의 전쟁을 활용하여 미국과의 관계 긴밀화를 도모한다. 1993년 3월 알제리는 이슬람 혁명 이념을 아랍 세계에 수출하고 있다고 비난받던 이란과의 외교 관계를 단절한다. 이와 동시에 미국이 깡패 국가이자 반서구 노선으로 규정한 수단에서 자국 대사를 소환해 버린다. 1994년 5월 알제리는 IMF와의 대기성 협정을 통해 4억 5천 7백만 달러의 반대급부를 얻게 된다.

1994년 후반 알제리는 이집트와 함께 카사블랑카에서 개최된 이슬람 정상회담에서 반-테러 행동 지침을 적극 옹호한다. 몇 개월 후인 1995년 1월 알제리는 1억 5천만 상당의 경제 부흥 지원금을 세계은행으로부터 지원받으며, 1995년 5월에는 당시 IMF 최대 규모인 12억 달러 상당의 지원금을 얻게 된다. 1998년 후반 제루알Zeroual 알제리 대통령은 사임을 발표하면서 1999년 선거가 개최될 것이라고 발표한다. 1999년 4월 압델아지즈 부테플리카Abdelaziz Bouteflika 대통령 후보를 제외한 모든 후보들은 선거의 공정성에 항의하며 대통령 후보직에서 사퇴해 버린다. 이에 부메디엔Boumedienne 정권 시절 외교장관을 역임한 부테플리카는 친-서방, 반-이슬람주의 성향의 고위 군 장성들의 지지를 등에 업고 알제리의 7번째 대통령이 된다. 그의 임기 첫해는 폭력 사태 악화와 이슬람주의자들에 대한 강력한 탄압으로 점철되었다. 서방은 1998년 후반 국제 유가의 하락과 46%에 육박한 알제리 경제의 총부채 원리금 상환 비율DSR: debt service ration 악화에 직면한 친-서방의 부테플리카를 측면 지원하기 위해 IMF를 통해 1999년 5월 2억 2천 3백 5십만 달러의 자금을 지원해 주었다. [63)]

서방의 아낌없는 지원에도 불구하고 부테플리카 정권은 이슬람주의자들과 컨센서스에 의해 형성된 정권이었다. 이슬람주의자들은 사회 문제 관리권을 약속받는 데 대한 반대급부로 부테플리카에게 표를 몰아주기로 합의하게 된다. 또한 범-아랍주의와 좌파 이념이 후퇴하는 반면에 알제리 이슬람주의자들이 부상하게 된다. 특히 이들 이슬람주의자들은 단순한 대중 정치 운동을 넘어서 실질적인 이념적 내용은 없지만 사회 보수화를 주창하는 강력한 세력으로 거듭나게 된다. 이들 두 가지 요인이 상호적인 중화 작용reciprocal neutralization을 불러와 이슬람주의의 지원을 확보하면서 알제리 정권의 영속성을 가능하게 한다. [64)] 그러나 트럼프 대통령의 중동 정책 '최대 압박 전략'의 여파가 불러온 알제리 지대 경제rentier economy의 붕괴로 부테플리카는 2019년 4월 결국 사임하게 되며, 2021년 84세의 나이로 알제리 최장수 집권 기록을 남기고 사망한다.

IMF 구제 금융의 불편한 진실

　국제 금융 시장은 두 번의 커다란 변화를 겪었다. 첫 번째가 1970년 대로 1971년 브레튼우즈 시스템 붕괴와 1973년과 1979년 두 차례의 오일 쇼크로 각 국가들은 더 확대된 자본의 이동성에 문호를 개방하면서 국제 유가 급등이 국제 자본 시장에 제공해 준 새로운 자금 유입의 혜택을 누리려 했다. 이 과정에서 가장 먼저 부채의 늪에 빠진 나라들이 라틴 아메리카 국가였다. 70년대에 소위 페트로 달러가 미국 은행으로 다시 유입되고, 은행들이 이 자금을 운용하기 위해 라틴 아메리카에 자금 지원을 하게 된다. 80년대 초반 미국이 금리를 20% 수준까지 인상했을 때 라틴 아메리카 국가인 멕시코, 아르헨티나가 1차 외환 위기를 겪었다.

　국제 자본 시장의 대변화의 두 번째 흐름은 1990년대 초반으로 이러한 금융 발전의 새로운 물결은 더 빠르고 효율적인 데이터 전송을 가능하게 해 주었던 통신 기술의 획기적 발전에 기인했다. 그러나 시장 친화적인 개혁과 금융 시스템 자유화라는 압박의 여파로 한국도 외환 위기를 감수해야 했다. 1980년대 후반 시작된 3저 호황에 이은 1990년대 초반 외환시장 개방, 금융 규제 완화 등으로 국내 신용이 확대되고 해외 차입이 증가하였다. 그러나 대외적인 충격이 발생하면서 1997년 외환 위기를 통해 한국 경제의 취약성은 고스란히 노출되었으며, 워싱턴 금융 자본이 파 놓은 부채의 함정에 빠져 버렸다. 2022년 후반 한국 경제는 또다시 달러의 횡포에 무력하게 휘둘리고 있다. IMF가 한국의 외환 위기 과정에서 어떻게 미국 금융 자본의 이해관계를 대변했는지 살펴보자.

아시아통화기금AMF 좌절

한국은 외환 위기 직전 환율이 달러당 800~900원 선에서 유지되다가 외환 위기가 발생하면서 약 2,000원 선까지 급등한 환율의 오버슈팅overshooting이라는 뼈 아픈 역사를 경험한 적이 있다.[65] 1997년 아시아 외환 위기를 통해 배운 학습 효과를 통해 베이징은 자본 시장을 완전히 개방하지 않고 있으며, 대부분의 빗장을 여전히 걸고 있다. 미 금융 패권주의의 팽창과 심화는 대부분의 경우 각국의 금융 시장 개방과 매우 긴밀하게 맞닿아서 진행되어 왔다.

태국 바트화 위기 직후 우리 정부는 1997년 8월부터 일본 정부에 협조를 요청했다. 그해 9월 도쿄는 일본이 1,000억 달러를 출연하고 동아시아 국가들이 회원국으로 참여하는 국제기구 '아시아통화기금AMF' 창립을 제안한다. 그러나 일본은 미국의 심기를 거스르면서까지 한국 등 동아시아 국가들을 지원할 용기는 없었다. 일본의 이러한 시도는 로렌스 서머스 미 재무부 부장관이 개입하면서 좌절되었다고 워싱턴포스트 기자 폴 블루스타인은 자신의 저서 『The Chastening: Inside the Crisis That Rocked the Global Financial System and Humbled the IMF』에서 밝혔다. 1997년 11월 한국과 IMF 실무협상단의 주요 의제는 지원 규모와 구제 금융 조건인 한국 경제의 구조 조정이었다. 미국 재무부는 데이비드 립턴 차관을 파견해서 노골적으로 협상에 개입했다. 립턴은 아예 힐튼호텔에 여장을 풀고 사실상 협상을 감독했다. 그의 요구는 한국 경제의 구조를 근본적으로 바꾸라는 것이었다. 블루스타인에 따르면, IMF 실무협상단은 한국에 대한 구조 조정 압박에는 소극적이었던 반면에 립턴의 수많은 제안이 한국이 아니라 미국의 이익을 위한 것임을 깨달았다고 회고했다. 결국 12월 IMF가 한국에 대한 100억 달러 조기 지원을 발표하면서 비로소 한국은 디폴트 선언을 회피할 수 있었다.[66]

IMF 플러스

1990년대 초반 한국의 외환 정책은 냉전 체제 종식 등에 따른 세계 경제 질서의 변화와 금융의 범세계화 추세에 부응해 선진국 등으로부터의 대외 개방 압력을 수용하는 한편, 국내 경제의 효율성을 높이기 위해 외환 자유화를 보다 적극적으로 추진하였다. 한국 경제의 개방화·국제화를 성공적으로 추진하기 위해서는 외환 자유화가 필수 불가결한 선결 조건이었다. 그러나 당시의 외환 거래는 통화 관리와 외화 도피 방지 목적으로 엄격하게 관리되어 기업의 경쟁력을 약화시키는 장애 요인으로 지적되었다. 외환 자유화는 외환 위기 이후 IMF와의 구제 금융 협상 과정에서 더욱 급속히 진전되었다. 1997년 12월 환율의 일일 변동 제한 폭을 폐지함으로써 자유변동환율제도로 이행하였으며, 외국인의 국내 증권 투자도 1998년 7월 완전 자유화되었다.

일본이 구상한 아시아통화기금을 통해 한국은 IMF에 손을 벌리지 않을 수 있었음에도 불구하고 왜 워싱턴은 이러한 방안에 제동을 걸고 집요하게 한국의 IMF행을 강요했던 것일까? 이는 로런스 서머스 재무부 부장관이 너무나도 반긴 'IMF 플러스' 구조 조정 안에 비밀이 숨겨져 있다. 그 핵심은 바로 자본 시장 개방이었다. 주식과 채권이 거래되는 한국의 자본 시장은 1997년까지 닫힌 상태였다. 당시 외국인 대기업 주식 보유 한도를 25%로 제한하여 대기업 경영권을 외국 자본이 장악하지 못하도록 했다. IMF 플러스로 이 제도가 폐지되면서 외국인도 한국 기업의 주식과 경영권을 보유할 수 있게 되었으며, 적대적 인수합병도 허용되었다. 자유로운 이익의 해외 송금을 위해 외환 관리법도 전면 개정되었다. 외국 자본이 기업 인수 후 대량 해고를 통해 기업 가치를 높여 고가에 되팔기 위한 정리 해고 자유화도 필수적 장치였음은 말할 필요도 없다.

한편 IMF는 기업 부채비율을 낮추고 은행의 'BIS 자기자본비율'을 높이는 개혁도 추진했다. 기업은 주식으로 자금을 조달하고, 은행은 기업 대출을 대폭 줄여야만 했다. 이로 인해 은행-기업 관계가 해체되었으며 과도한 레버리지를 통해 투자하던 기업 경영 관행도 종지부를 찍게 되었다. IMF가 처방한 고금리 정책의 명분은 금리를 극도로 높게 설정해야 달러가 들어온다는 것이었다. 하지만 높은 금리는 1차적으로 기업 운영과 가계를 위협했다. 자금 경색에 처한 경제 주체들은 현금을 구하기 위해 주식, 부동산 등 보유 자산을 마구 시장에 내다 팔았다. 자산 시장이 폭락하자 외국 자본은 양털 깎기를 본격화했다. 국내 주요 대기업이나 은행의 외국인 지분이 50% 가까이 올라간 것은 이때부터다.

신자유주의 세계화를 통해 미국은 당시 경제의 구조를 제조업에서 금융 산업으로 전환하는 중이었다. 월스트리트 금융 자본과 미 재무부는 동전의 양면과도 같다. 당시 재무장관 로버트 루빈Robert Rubin부터가 미 최대 투자은행 골드만삭스의 공동회장 출신이었으며, 그는 퇴임 후에도 씨티그룹 회장을 지냈다. 자본은 끊임없이 영토를 확대하려는 경향을 보이며 그 과정에서 자신들이 존재하는 공간을 파괴해 버린다. 미 금융 산업의 눈에 한창 고성장 중이던 한국을 포함한 동아시아는 아주 손쉬운 먹잇감이었다. 그러나 이 국가들은 자본 시장을 닫고 있었다. 클린턴 행정부는 명확한 전략과 그것을 이행할 강력한 수단을 모두 갖고 있었다. 미 금융 패권주의 강화와 미 달러 헤게모니의 첨병 IMF가 바로 그것이었다. 블루스타인 기자는 미국 정부의 행위를 다음과 같이 평가한다. "미 재무부는 오래전부터 끈질기게 한국의 금융 시장 개방을 요구해 왔다. 해외 은행의 한국 진출과 우리 기업의 국제 금융 시장에 대한 완전히 자유로운 접근권을 허용하고, 외국인들의 주식 비율 한도 확대 등을 요구해 왔다. 요컨대 미 재무부의 한국에 대한 압박의 배후에는 한국 시장을 노린 워싱턴 금융 기관의 로비가 있었다."[67]

제4장

미 금융 패권주의는
어디로 가는 것일까?

미국이 주도적으로 구축한 탈냉전 이후의 세계 질서인 세계화가 종언을 고하고 있다. 앞서 우리는 한국이 1990년대 초반 중동 지역에서 냉전 이후 세계화가 본격적으로 진행되고 있었음에도 불구하고 그 흐름을 정확히 파악하지 못한 결과 1997년 국가 부도 사태를 맞이했다고 언급하였다. 유대 시온주의와 관련된 중동 정치의 절대적 중요성을 보여 주는 또 다른 사례라고 할 수 있다. 미-중 경쟁이 격화되고 있는 21세기 현재 글로벌 정치 경제는 탈세계화가 심화되고 있다. 다시 말해 새로운 지정학 우위의 시대에 본격 진입하고 있는 것이다. 워싱턴 달러 패권의 필요에 의해 세계화는 폐기되고 있으며 우리는 더 자주 소규모 전쟁을 목도할 수도 있다. 이러한 흐름을 간파하지 못하면 과거의 실패를 반복할 것이다. 2000년대 초반까지만 해도 세계무역기구WTO라는 이념적 담론은 너무나도 일상화된 언어였지만 이제는 더 이상 아니라는 현실이 이를 잘 보여 주고 있다.

브루킹 연구소Brookings Institution 연구원 러쉬 도쉬Rush Doshi는 자신의 저서 『장기적 게임: 미국적 질서를 대체하기 위한 중국의 대전략The Long Game: China's Grand Strategy to Displace American Order』에서 베이징은 수년간 미국의 지정학적 우위를 저해하고, 중국의 이해관계를 수호하고 덜 자유로운 세계 질서 수립을 위해 노력해 왔기 때문에 미국은 중국의 이러한 패권 야망에 대해 중국이 하는 방식과 똑같이 대응해야 한다고 주장했다. 요컨대 도쉬는 중국의 힘과 질서를 무디게 하고 미국의 영향력과 질서의 기반을 구축해야 한다는 정책 제언을 했다. 도쉬의 이러한 주장은 수십 년간 중국과의 '관여engagement'에 초점을 둔 미국 외교 정책 독트린을 완전히 뒤집는 것이다. 그의 이러한 정책 제안은 그가 바이든 행정부 국가안전보장회의 중국 국장이며, 자신의 멘토이자 바이든 행정부의 대중국 정책 입안자 커트 캠벨Kurt Campbell이 국가 안전보장회의에서 같이 일하고 있다는 점에서 힘을 얻어 가고 있다고 영국 이코노미스트는 분석했다. [68]

미국은 중국의 경제적 및 군사적 부상으로 자신들의 패권적 지위에 심각한 위협을 받고 있는 것이 21세기의 지정경학 현실이다. 국제통화기금은 최근 보고서에서 각국 중앙은행의 외환보유고 포트폴리오 다변화 노력으로 인해 미 달러화의 글로벌 외환 보유고 비율이 지난 20년간 70% 수준에서 50%로 감소해왔음을 보여 주었다. 놀랍게도 이러한 달러의 영향력 감소가 영국 파운드, 일본 엔화, 유로화 보유액 증가로 이어진 것이 아니라 이러한 20% 달러 보유액 감소분의 4분의 1은 중국 위안화로 그리고 나머지 4분의 3은 여타 소규모 국가의 통화로 대체되었다고 밝혔다. [69] 앞서 살펴보았듯이 달러 패권주의는 위기를 겪을 때마다 다양한 수단을 동원하여 그 지위를 유지해 왔다. 워싱턴은 과연 중국의 경제 정치 군사적 도전을 어떻게 꺾을 수 있을까?

지금의 국제 정치 경제 질서는 1980년대 초반 레이건 행정부 당시와 매우 유사한 양태를 보이고 있다. 그러나 1980년대 소련 경제와 2022년 중국의 경제는 중요한 차이점이 있다. 지금까지 세계의 공장 역할을 해 온 중국은 글로벌 경제의 불가분의 일부를 형성하고 있는 반면에 당시 소련 연방의 경제는 서구 자본주의 체제와 거의 단절되어 있었기 때문에 미국의 소련 봉쇄 정책이 궁극적으로 성공할 수 있었다. 뒤집어서 생각하면 워싱턴이 중국을 경제적으로 굴복시키기에는 중국의 경제 규모가 너무 클 뿐만 아니라 베이징과 다른 국가들과의 경제적 관계가 오히려 더욱 확대되고 있다는 데 미국의 고민이 있다. 이에 워싱턴은 전방위적으로 다양한 방식을 통해 중국을 봉쇄하기 위해 세를 규합하면서 세계화를 폐기하는 과정에 있다. 이러한 배경에서 발생한 것이 지정학적 측면에서 우크라이나 전쟁이며 경제 전쟁의 측면에서는 미 연준의 잔인하고 공격적인 급격한 이자율 인상 조치이다. 이에 따라 우리는 앞으로 본격화될 재정 팽창이 초래하는 인플레이션의 시대로 접어들고 있다.

사활적 경제 전쟁

지난 30년간 세계화의 성공 방정식이 해체되고 있다. 즉, 미국이 소프트웨어를 제공하면, 한국이 중간재인 고부가 가치의 부품을 만들고 중국은 저임금을 바탕으로 제조를 담당하면서 세계의 공장 역할을 해온 것이다. 저임금을 바탕으로 저렴한 제품을 전 세계에 공급해 온 세계의 공장 덕분에 글로벌 경제는 인플레이션의 고통에서 자유로울 수 있었다. 1990년 이전 연평균 5%를 넘겼던 미국과 유럽의 소비자 물가 상승률은 2~3%로 떨어졌다. 심지어 2008년 금융 위기 이후 제로 금리 수준의 초저금리가 10년 넘게 이어졌음에도 불구하고 물가는 오르지 않았다.

코로나 사태와 우크라이나 전쟁을 무대로 이제 중국의 고도성장과 선진국들의 저물가를 견인해 왔던 세계화 시대가 종언을 고하고 있다. 2021년 5월 한국, 미국, 일본, 인도, 호주, 인도네시아 등 14개국은 역내에서 영향력을 확대하는 중국을 견제하기 위해 인도태평양경제프레임워크IPEF 창설을 발표했다. 워싱턴은 또한 베이징을 첨단 산업의 핵심 중간재인 반도체 공급망에서 배제하기 위해 한국, 일본, 대만으로 구성된 '칩4 동맹' 구축을 기도하고 있다. 이에 맞서 중국은 브릭스BRICS(브라질, 러시아, 인도, 중국, 남아프리카공화국), 상하이협력기구(중국, 러시아, 인도, 파키스탄 등), 아세안 국가들과 한국, 일본, 중국이 체결한 사상 최대 규모의 자유무역협정인 역내포괄적경제동반자협정RCEP 모색을 통해 미국의 견제에 대응하고 있다.

그러나 아시아를 향한 미국의 경제적, 전략적 전환의 상징인 '인도·태평양' 개념은 이 지역 많은 국가들을 전략적 딜레마에 처하게 하고 있다. 중국 때문에 골머리를 앓고 있는 베트남은 미국의 인도·태평양 개념에 매우 동조적인 입장을 견지하고 있다. 한국은 중국과의 긴밀한 관계를 통해 미군의 존재와 일본의 영향력을 상쇄시키려 한다. 동남아시아 국가 연합의 본거지인 인도네시아는 싱가포르와 마찬가지로 균형 외교를 추진하고 있다. 필리핀은 자국의 이익과 자국이 관리하는 암초에 대한 중국의 공격 여부에 따라 입장을 바꾸고 있다. 각국은 자국의 이해관계에 따라 각자도생의 생존 전략을 모색하고 있다.

격화되는 미-중 기술냉전시대

약 20년 전 중국의 세계무역기구 가입을 허용했던 미국이 잠에서 깨어나 정신을 차려 보니, 중국은 더 이상 세계의 공장이 아니라 미래 산업의 통상 규칙을 제시할 만한 역량을 갖춘 기술 강국으로 거듭나게 되었다. 2017년 중국의 특허 출원 건수는 미국의 2배였다. 미국의 지배가 흔들리는 것을 감지한 트럼프 대통령이 비로소 반응을 보였다. 2017년에 트럼프는 중국을 국가 안보에 대한 위협으로 규정했다. 2019년 트럼프 정부는 화웨이, ZTE, 다화, 하이크비전이 중국 공산당을 대신해 외국 정부를 감시하며, 미국의 기술을 훔쳐 갈 수 있다는 이유로 미국 기업이 중국 기업으로부터 장비를 사들이지 못하게 했다. 기술 냉전시대가 본격화된 것이다. [70]

미중 전쟁은 무역 전쟁에서 시작해 기술 냉전으로 확대되면서 해저 케이블 영역으로까지 확산되고 있다. 19세기 이후 통신망이 그러했듯이, 21세기에는 인터넷 네트워크의 물리적 구조가 권력과 직결되면서 그 전략적 중요성이 날로 커져 가고 있다. 2011년 '아랍의 봄' 시기에 시리아와 이집트 정부가 자국 국민을 고립시키기 위해 고의로 케이블을 절단했던 것처럼 광섬유 이동 통신 인프라는 감시의 도구, 억압의 도구이기도 하지만, 동시에 경제적 영향력의 척도이기도 하다. 이런 양면적 성질 때문에 이동 통신 인프라는 오늘날 중요한 지정학적 요소로 떠오르고 있다. [71] 오늘날 전자 통신의 99%는 해저 케이블을 통해 이뤄지기 때문에 해저 케이블 관련 정보의 확보와 선점이 중요한 국가 안보 이슈이다. 2001년 9·11 테러 이후 해저 케이블에서 정보를 가로채는 것이 테러 방지라는 목적으로 정당화되었다. 20년이 지난 현재 워싱턴은 기밀 정보 동맹체인 '파이브 아이즈Five Eyes'를 주도하고 있다. 파이브 아이즈는 회원국 간의 협력하에 케이블로 전달되는 정보를 세계 주요 항구에서 취합·공유를 하면서 모든 케이블에서 정보를 가로채는 케이블 해킹을 하고 있다. 커뮤니케이션, 금융 거래, 저장된 데이터에 대한 접근(클라우드)은 모두 해저 케이블을 통해 이뤄진다. 오늘날 국가의 정보 관련 능력은 곧 지정학적 영향력인 셈이다.[72]

　뒤집어 얘기하면 이러한 능력의 부재는 디지털 종속으로 이어지게 된다. 디지털 종속의 모습은 이렇다. "페이스북은 콩고민주공화국에 케이블을 연결해 주면서, 콩고의 의료 기관에 소셜 네트워크, 위키피디아, 그리고 일부 현지 서비스에 대한 제한적인 접근권을 제공해 줄 것이다. 그러면 페이스북이 개발한 AI를 통해 최신 의료 기술을 활용할 수 있을 것이다. 교육 분야에 관해서도 이와 같은 과정을 밟을 것으로 예상된다."고 펠릭스 블랑Felix Blanc은 전망한다.[73] 중국 케이블 전략의 초기 목적은 내수 충족이었지만, 시간이 흐르면서 중국의 디지털 경제는 프랑스, 아프리카, 아시아 등 해외로까지 점점 확대되면서 '디지털 실크로드' 전략을 구사하고 있다. 1987~2010년 사이 1%에 불과했던 중국 이동 통신 공기업의 해저 케이블 투자 비중은 2010년 이후 평균 9%까지 확대되었다. 2016년부터 2019년까지 중국 기업은 전 세계 케이블 건설 프로젝트의 20%에 참여했고, 이 중 절반 이상이 남중국해 바깥의 개발도상국 주변에서 이뤄졌다.[74]

리트머스 테스트

　대외 채무 불이행을 의미하는 디폴트default는 특정 국가가 다른 국가에 대해 지고 있는 외채의 원리금을 약정된 기간에 갚지 못하는 사태를 의미한다. 기업이 부채를 갚지 못하면 부도가 나듯이 국가도 대외 채무를 정해진 일자에 상환하지 못하면 국가 부도에 처하게 되는 것이다. 그러나 일국 내 하나의 기업이 파산하는 것과 한 나라 전체가 국가 부도에 처하게 되는 사태는 엄청난 차이를 불러온다. 일국의 부도 사태는 거시적으로 부도 사태에 직면한 그 국가의 경제 구조의 근본적인 재편과도 밀접히 연결되어 있다. 한 걸음 더 나아가 일국의 디폴트 선언이 초래한 여파는 지정학적 문제로까지 비화된다. 2022년 5월 19일 스리랑카는 국가 부도 사태에 직면한다. 스리랑카 부도 사태는 지난 10여 년간 중국의 급속한 경제적 부상과 이를 견제하는 미국의 베이징 견제라는 각도에서 이해할 필요가 있다.

　스리랑카는 중국과 일대일로 사업에 참여하면서 베이징에 과도한 채무를 지게 된다. 2017년 함반토타 항구를 건설하면서 중국에 거액의 빚을 지게 된 것이 시작이었다. 그러나 경제 위기에 처하면서 빚을 갚지 못하게 되자 중국 기업에 11억 달러를 받고 동 항구 운영권을 99년간 임대해 주는 처지에 몰리게 된다. 설상가상으로 2020년 코로나 팬데믹, 2022년 우크라이나 전쟁이 초래한 급격한 인플레이션 그리고 미국 연준의 급격한 이자율 인상 조치로 스리랑카 부채 문제는 직격타를 맞게 된다. 영국 이코노미스트는 콜롬보 국가 부도 사태와 관련하여 중국의 책임 소재의 문제보다 더 중요한 점은 2022년 개도국이 직면한 부채 위기를 어떻게 처리하는지가 중대한 관건이라고 평가한다. 이 이면에는 미국 주도의 금융 패권주의에 도전장을 내밀고 있는 베이징과 워싱턴의 치열한 패권 경쟁이 숨겨져 있기 때문이다.[75]

스리랑카 부채 위기는 세계 최대 채권국 베이징이 여타 채권국과 어느 정도까지 개도국 부채 문제 해결을 위해 협력할 의사가 있는지를 보여 주는 중요한 시험대가 될 것이다. 가장 핵심적인 문제는 베이징과 파리 클럽Paris Club과의 관계 설정 문제가 자리 잡고 있다. 파리 클럽은 경제협력개발기구OECD의 일부 회원국을 중심으로 전 세계 22개 국제 채권 국가 사이의 비공식 그룹으로 경제적인 어려움을 겪고 있는 신흥 개발도상국들을 지원하는 게 목적이다. 베이징은 파리 클럽의 특별 참여국ad hoc participant에 불과하며 정식 회원 가입을 꺼리고 있다. 왜냐하면 동 클럽이 미국이 주도하고 있는 국제통화기금 및 세계은행과 긴밀한 관계를 형성하고 있기 때문이다. 베이징은 또한 파리 클럽의 컨센서스 원칙과 정보 교환 관행을 껄끄러워한다. 베이징은 대출 조건loan terms을 비밀리에 부치고, 자신들의 입장이 우선시되며, 부채 탕감debt relief을 위한 협상에서도 다자적 접근보다는 양자적 방식을 선호하고 있다. 왜냐하면 파리 클럽의 기준을 따르는 것은 서구 개발 금융에 대한 우월적인 대안으로 시진핑이 주창해 온 중국식 개발 자금 원칙을 훼손할 수 있다고 베이징은 우려하기 때문이다.

베이징과 개도국의 이러한 양자적 관계는 구체적인 수치로도 확인되고 있다. 세계은행, 하버드 대학교, 독일 씽크 탱크 킬 연구소Kiel Institute 경제학자들은 중국의 자금 지원의 절반 이상이 비밀리에 이루어지고 있으며, 베이징은 2008년부터 2021년 기간 동안 파리 클럽보다 더 많은 총 71차례의 부채 탕감 조치distressed-debt restructurings를 단행하였다고 추정하고 있다.[76] 베이징의 이러한 조치에도 불구하고 대외 채무 불이행 상태인 디폴트는 계속 이어졌다. 부채 재조정은 원금 축소reduced principal 없이 대부분 만기maturities 혹은 유예grace period 기간 연장을 수반하였다. 심지어 중국은 부채 위기에 처한 개도국에 대해 긴급 자금을 제공하면서 베이징이 IMF의 대안이 될 수 있음을 넌지시 내비쳐 왔으며 실제로 중국 국영 은행은 지난 4년간 파키스탄과 스리랑카에 약 240억 달러 상당의 긴급 자금을 제공하였다고 미국 대학 윌리엄 앤 메리William and Mary 연구소 에이드데이타AidData가 밝히고 있다.

상하이 국제 연구소Shanghai Institutes for International Studies(SIIS) 예 유 앤 쥬 유안Ye Yu and Zhou Yuyuan은 2022년 현재의 신흥국 부채 위기를 1980년대 및 90년대의 개발도상국 부채 위기와 유사한 상황으로 평가하면서 1989년 미국의 브래디 플랜Brady Plan 혹은 1996년 IMF의 고채무 빈곤국 채무 구제 구상Heavily Indebted Poor Countries Initiative과 같은 다자적 협력 체제가 가동되어야 한다고 제언하였다. 개도국 부채 문제의 다자적 해결을 위해서 중국은 자신들의 대외 자금 지원에 대해 투명성을 제고할 필요가 있으며, 모든 채권국 사이에 공평하고 공정한 부담 공유를 위해 미국 및 여타 파리 클럽 회원국들과 협력할 것을 베이징에 촉구하였다. 상하이 국제 연구소는 글로벌 금융 패권국인 워싱턴과 세계 최대 채권국 베이징은 개도국 부채 문제 처리와 글로벌 지속 가능한 개발을 위해 협력할 필요가 있다고 주장한다.[77]

그럼에도 불구하고 양국이 인식하는 지정학적 현실은 첨예하다고 할 수 있다. 대외 채무 불이행 상황에 직면해 스리랑카가 2017년 자신들의 항구 관리권을 중국 국영 기업에 99년간 대여하기로 한 결정이 잘 보여 주었듯이 워싱턴과 베이징은 개도국 부채 재조정이 자신들의 전략적 경쟁 상대에게 유리하게 작용하는 것은 아닌지 우려하고 있다. 1980년대 라틴 아메리카 부채 위기 해결책으로 제시된 브래디 플랜은 채무국이 지고 있는 상업 은행에 대한 부채를 미국 재무부 발행 채권으로 교환하는 방안이었다. 당시 혁신적인 안으로 평가받았던 브래디 플랜을 통해 은행들은 최대 35%의 부채를 탕감해 주면서 자신들의 채권을 안전성이 보장된 미 국채로 전환하였다. 워싱턴의 입장에서 브래디 플랜은 달러화 자산 풀의 확대를 의미하는 것으로 그만큼 달러가 유통될 수 있는 영토가 확대된 것을 의미하는 것이다.

미국은 스리랑카 사태를 언급하면서 베이징이 '부채 함정 외교debt-trap diplomacy'를[78] 도모하고 있다고 지속적으로 비난하고 있는 반면에 중국은 스리랑카를 포함한 대부분의 개발도상국들이 다자적 기구나 민간 대부업체를 통해 더 많은 대외 자금을 차입하고 있다고 맞받아치고 있다. 파리 클럽은 중국에 더 많은 투명성을 요구하고 있으며, 중국 은행들이 대부한 자금도 공적 부채로 인정될 것을 요구하고 있다. 반면 중국은 미국 주도의 다자 기구와 서방의 상업 대부업체들이 개도국 부채 재조정 과정에서 더 큰 손실haircut을 떠맡을 것을 요구하고 있다. 요컨대 스리랑카 부채 재조정 일환으로 서방이 요구하는 콜롬보 항구 도시 계획에 대한 구조 조정을 포함하는 고통스러운 개혁 조치는 시진핑의 해상 실크 로드 구상에 커다란 차질을 초래할 수 있다는 지정학적 이해관계 충돌이 숨겨져 있는 것이다.

독수리의 먹잇감

중국은 2002년 세계무역기구 정식 회원국이 된 이후 중남미에서 빠르게 입지를 넓혀 왔다. 그 배경은 미국의 관심이 여타 지역에 쏠려 있었기 때문이었다. 2001년 9·11 테러 이후 미국은 중동 지역에 여념이 없었으며, 2009년 오바마는 중동의 진흙탕에서 빠져나오면서 워싱턴 외교 전략의 중심축을 아시아·태평양 지역으로 이동시키는 재균형 외교 정책을 추진하였고 중남미 지역의 우선순위가 밀려나게 되었다. 더구나 2000년대 초반의 좌파 정권 집권으로 미국의 간섭에 진력이 난 중남미 좌파 정권의 붉은 물결은 미국 정부의 그늘에서 벗어나고자 했다. 2008년 금융 위기 이후 중국 금융 기관은 국제 자본 시장에서 금융 조달이 어려운 베네수엘라와 아르헨티나, 에콰도르와 같은 중남미 국가에 차관을 제공했다. 중국은 미국보다 조건이 유연해서 채무액을 원자재로 변제할 수 있도록 했다. 이런 방식 덕택에 중국은 높아져 가는 중산층의 욕구를 충족시키는 데 필요한 천연자원을 안정적으로 조달할 수 있었다.

현재 중국은 브라질, 칠레, 페루, 우루과이의 최대 교역국이자 중남미 지역의 최대 채권국이다. 2005년부터 항만, 도로, 댐, 철도 등 인프라 사업에 출자된 액수가 1,370억 달러에 달하며, 오늘날 중국이 중남미에 제공한 금융 지원 규모는 세계은행과 미주개발은행IDB의 합계액보다도 많다.[79] 갑작스럽고 대대적인 중국의 중남미 공세에 대해 일각에서는 미국의 속박에서 벗어나려다 중화 제국의 굴레를 뒤집어쓰는 것은 아닌가라는 우려가 제기되었다. 벨기에 브뤼셀 자유대학의 현대정치연구소CEVIPOL 연구원 소피 빈트겐스Sophie Wintgens는 "남남협력South-South Cooperation이라는 담론 너머에 비대칭적 관계가 남아 있다. 중남미 국가들은 중국 덕분에 대미 통상 의존도를 낮추게 됐다. 반면, 중국은 중남미에 공산품을 수출하고 원자재를 수입하는 방식으로 남-북(선진국-개발도상국) 교역 모델을 답습한다."고 꼬집었다.[80]

2020년 12월 9일, 미국의 개발 원조 기관인 국제개발금융공사Development Finance Corporation(DFC)가 중남미 국가를 위한 새로운 모델의 기본 협정 꾸러미를 들고 에콰도르에 당도했다. 이 기본 협약에는 12년 전에 에콰도르가 중국과 체결한 '약탈적 고금리 채무'를 갚아 줄 35억 달러 차관을 미국이 제공한다는 내용이 담겨 있었다. 에콰도르는 그 대가로 도널드 트럼프 전 미국 대통령이 중국 기업을 전 세계 5G 설치 계약에서 배제하려고 2019년 출범시킨 '클린 그리드Clean Grid'에 동참하기로 했다.[81]

중국 고립 작전에는 금융과 통상 장치도 동원되었다. 2018년 미국은 미국, 멕시코, 캐나다 간의 북미자유무역협정NAFTA 재협상 기회를 활용해, 3국 중 어느 국가라도 '비-시장 경제 국가non-market economies'와 무역 협정을 체결하면 다른 두 국가가 거부권을 행사할 수 있다는 조항을 추가했다. 여기서 비시장 경제 국가란 기본적으로 중국을 뜻한다. 그리고 2019년, 미국 국제개발금융공사는 '신실크로드' 구상에 대한 대응으로 '미주 성장 이니셔티브'라는 600억 달러 규모의 투자 계획을 발표했다. 중남미 14개국이 이 이니셔티브에 동참하기로 했다. 물론, 베네수엘라와 니카라과, 쿠바는 참가 대상국에 포함되지 않았다.

2014년부터 대다수 중남미 국가에서 정권을 잡은 우파 정부는 미국의 지정학적 선호도에 맞춰 대열을 재정비했다. 그 결과, 중국은 동맹국에서 위험 국가로 전락했다. 2019년 워싱턴을 방문한 나이프 부켈레 엘살바도르 대통령은 "중국은 실현 불가능한 프로젝트를 추진하면서 중남미 국가에는 갚을 수도 없는 막대한 부채를 지우고, 이를 다시 금융 레버리지로 활용한다."라고 말했다.[82] 경제적 어려움에 부딪히면 대다수 지도자들은 IMF의 체제에서 위안을 찾는다. 2018년 마우리시오

마크리 아르헨티나 대통령은 IMF로부터 아르헨티나 역대 최대 규모에 해당하는 총 570억 달러의 구제 금융을 받았다. 2019~2021년에 에콰도르와 콜롬비아의 두 보수 우파 대통령 레닌 모레노와 이반 두케는 엄격한 종합 대책을 받아들이는 조건으로 각각 44억 달러와 110억 달러를 지원받았다. 하지만 국민의 반대가 일어나 결국 긴축 정책을 철회해야 했다.

무엇보다도 중남미 우파 집권은 중남미의 지정학적 입지를 약화시켰다. 외부 압력에 대응할 수 있는 주요 방어막으로 작용하는 지역 단위의 통합 기회를 박탈하기 때문이다. 우파 정권은 중남미 33개국이 결집하는 유일한 포럼이자 중국과의 대화 통로인 라틴아메리카·카리브 국가 공동체CELAC에 참여를 중단하기도 하였다. 아울러, 2018년 베네수엘라 사태를 둘러싼 회원국 간 갈등이 격화되면서 역내 6개국(남미국가연합UNASUR) 참여를 중단했다. 남미국가연합은 미국의 영향력하에 있는 미주기구OAS의 균형추 기능을 담당해 왔다. 2019년에는 아르헨티나, 브라질, 칠레, 콜롬비아, 에콰도르, 가이아나, 페루, 파라과이 8개국이 남미국가연합을 대체하는 협의체로 프로수르PROSUR라는 약어로 더 잘 알려진 '남미 발전을 위한 포럼'을 발족했다. 2014~2017년에 남미국가연합 사무총장을 역임한 에르네스토 삼페르 피사노 콜롬비아 전 대통령은 "이 고약한 기구는 사실상 남미 발전을 위한 포럼이 아니라 북미 발전을 위한 포럼PRONORD이라는 명칭이 더 잘 맞는다."고 꼬집었다. "이 우파 국가 간의 동맹을 유지하는 바탕에는 베네수엘라에 대한 증오와 미국에 대한 노예 근성이 있을 뿐이다." 이렇게 분열된 중남미는 다시 한번 북미 독수리에게 손쉬운 먹잇감이 되었다.[83]

미국은 왜 우크라이나 전쟁을 부추겼을까?

　우크라이나 전쟁과 대러시아 제재는 특히 유럽 대륙에 인플레이션을 부채질했다. 워싱턴은 우크라이나 전쟁 발발을 막을 수 있었음에도 불구하고 왜 방관자적 태도를 보이면서 오히려 더욱 군사적 충돌을 부추겼을까? 낙태, 교육, 형사 정의, 이민자 문제 등에 있어 미국의 각 자치주는 공화당이냐 민주당이냐에 따라 상반된 결정을 내릴 정도로 현재 국내 정치가 양극단으로 분열되어 있다. 텍사스나 플로리다 주지사는 이제 역내 불법 체류자를 이들에게 보다 호의적인 뉴욕이나 매사추세츠로 주저 없이 보낸다. 주류 매체는 이렇듯 양분된 국내 현실을 기정사실화한다. 미국은 서로 몸집과 정치적 영향력이 비슷한, 그러나 각기 극단적으로 성향이 대비되는 두 집단으로 이뤄진 나라이다. 실질적으로 두 개의 나라가 공존하는 셈이다. 하지만 증오로 얼룩진 두 집단 간 대립이 거의 나타나지 않을 때도 있다. 바로 제국을 수호하는 경우이다.[84]

제국 수호

우크라이나에 군사 지원을 하고 러시아에 맞서며 중국을 견제하는 동시에 이스라엘을 지지하고 유럽연합을 종속시키는 데는 미국 국내 정치의 양대 세력은 의견차를 보이지 않는다. 그 사례야 굳이 말할 필요가 있을까.[85] 무너져 가는 미국의 패권 질서를 연장하고 유지하는 데 선뜻 러시아의 총알받이가 되겠다는 국가 지도자를 워싱턴은 굳이 마다할 필요는 없을 것이다. 주 사우디 미 대사를 역임한 외교 전문가이자 미 국방부 차관보를 지낸 챠스 프리먼Chas Freeman은 우크라이나 전쟁을 대하는 미국의 정책을 마지막 우크라이나인까지 러시아와 싸우게 만드는 것이라고 평가했다.

자신의 목소리를 더욱 내려고 하는 유럽연합을 복종시키고, 크렘린을 군사적으로 약화시키고, 워싱턴의 패권 질서에 도전하는 베이징을 봉쇄 정책을 통해 견제하기 위해 세를 규합하려고 시도하는 미국의 입장에서 마침 우크라이나 전쟁은 좋은 기회를 제공해 주고 있다. 미국 정치학자 존 미어샤이머는 "우리는 막대기로 곰의 눈을 찔렀다. 그 곰은 반격하고 있으며, 그것이 지금 일어나고 있는 일이다."고 평가하면서 우크라이나 전쟁의 일차적 책임이 서방에 있다고 꼬집었다.

우리는 국제적 긴장 고조의 원인을 중국, 러시아, 터키를 지배하는 권위주의 정권의 공격성 증가로 인식하도록 세뇌받고 있다. 우리는 결코 미국, 사우디아라비아, 또는 이스라엘 측에서 먼저 도발한 것으로 보지 않는다. 우리는 알카에다 계열의 시리아 알누스라 전선에 대한 서방 세계와 사우디아라비아의 지원, 경쟁 회사에 막대한 벌금을 부과하고 알스톰을 미국 제너럴일렉트릭GE사의 지배하에 놓이게 한 미국의 범죄 행위 등에 대해서는 까막눈이라고 프랑스 디플로마띠끄는 지적한다. 바이든 대통령은 푸틴이 이번 우크라이나 전쟁을 통해 점령한 지역에 대한 병합을 단행하자 이를 절대 인정하지 않을 것이라며 강력히 성토했다. 그러나 워싱턴은 이스라엘의 팔레스타인 지역에 대한 사실상 병합에 대해서는 철저한 함구령을 유지하고 있다.

동맹국 기강 잡기

1970년대 서유럽과 소련의 가스관 외교는 양측을 만족시켰다. 안정적이고 지속 가능한 가스관은 경쟁 관계에 있던 구대륙의 두 진영의 가교 역할을 했다. 1982년 미국 로널드 레이건 대통령은 이 가스관이 유럽의 소련 의존도를 높일까 두려웠기 때문에 유럽과 시베리아를 잇는 가스관 건설에 참여한 다수의 유럽 기업에 제재를 가했다. 하지만 유럽경제공통체EEC 10개 회원국은 통상 금지 조치 적용을 거부했다. 프랑스는 민간 기업을 통해 소련에 자재를 인도하기까지 했다. 몇 달 후 미국이 후퇴하면서 유럽의 긴장 완화를 방해하려는 워싱턴의 시도는 실패했다. [86] 그러나 2022년 유럽을 분열시켜 약화시키려는 미국의 시도는 우크라이나 전쟁이 발발하면서 추동력을 얻어 가고 있다.

21세기 유럽과 러시아의 가스관 외교를 상징하며, 러시아에서 출발해 발트해를 가로질러 독일로 이어지는 가스관 '노르드 스트림 2Nord Stream2' 사업은 2019년 12월 완공을 얼마 남겨 두고 갑자기 중단됐다. 동 사업은 EU 내부에서 불화를 불러일으켰으며, 워싱턴과 베를린 사이에 제2차 세계대전 이후 최악의 외교적 위기가 초래되었다. 도널드 트럼프는 온갖 수단으로 노르드 스트림 2의 완공을 방해했다. 동 사업을 표적으로 삼으면 미국 정부는 지정학적 이익만큼이나 중상주의적 이익도 챙길 수 있기 때문이다. 취임 직후부터 관세 제재로 유럽을 협박한 트럼프는 2018년 7월 EU의 항복을 받아 냈다. EU는 '전체주의적인' 가스관 대신 트럼프의 표현을 빌리자면 '자유의 LNG'에 유리한 방식으로 가스 정책을 전면 재검토하는 데 동의했다.

EU가 이듬해 채택한 새로운 가스 지침서는 노르드 스트림 2를 저지하기 위한 행정 조치들로 채워졌다. EU 집행위원장 장 클로드 융커는 2018년 7월 미 백악관에서 트럼프와 EU는 에너지 분야에서의 전략적 협력 관계를 강화하기로 결정했으며, EU는 에너지 공급처를 다변화하기 위해 미국산 LNG를 수입하고자 한다는 내용의 공동 성명을 발표했다. 이는 사실 판로를 모색하고 있던 북미의 천연가스 생산 업체들과 세계 1위의 천연가스 수입국인 EU의 이해타산이 맞아떨어진 결과였다. 세계 1위의 천연가스 생산국인 미국은 15년 전보다 생산량이 88%나 증가한 데 반해 러시아의 천연가스 생산량은 감소하는 추세이고 유럽의 생산량도 절반으로 줄어들고 있기 때문이다.[87]

미국은 협박에 이어 실제 공격에도 나섰다. 예정된 수순처럼 미국이 유럽의 에너지 정책을 결정했다. 2019년 12월, 미국 의회 양당은 '유럽 에너지 안보 보호법'을 통과시켰다. 러시아에서 독일 또는 터키로 연결되는 파이프 라인 건설을 위한 관 매설 선박을 알고도 돕는 모든 외국인의 비자와 재산을 동결하는 제재로 요약되는 이 법은 노르드 스트림 2에 집중 포화를 퍼부었다. 국외를 대상으로 하며 국제법상 근거가 없는 미국의 이런 조치로 노르드 스트림 2 공사는 즉각 중단됐다. 이듬해 미국의 제재는 개인뿐만 아니라 기업에까지 강화 및 확대됐다. 기술 지원 업체와 보험사 대부분이 이 사업에서 이탈했다. 워싱턴 경제 제재의 힘을 확인시켜 주는 단면을 우리는 보고 있다.[88]

2020년 7월, 러시아에 협력하는 모든 사업체를 재정적으로 파멸시키기로 작정한 미국은 노르드 스트림 2를 2017년 법의 적용 대상에 포함시킨다고 발표했다. '제재를 통한 미국의 적 대처'라는 이름의 이 법은 원래 러시아, 이란, 북한을 겨냥한 것이었다. 그런데 이제 나토 회원국이지만 EU 내 미국의 가장 강력한 동맹국인 독일이 이 법의 제재 대상에 포함돼, 달러 체제 접근 차단의 위협을 받게 됐다. 3명의 미국 의원은 2020년 8월 5일 독일 항만 2곳 책임자에게 서한을 보내 노르드 스트림 2와 관련된 모든 작업을 중단하라고 통지했다. 중단하지 않으면 해당 항만 회사의 재무 생존성을 파괴하고, 주가를 폭락시키고, 자산을 동결하며, 미국 내 사업을 금지하겠다며 베네수엘라나 쿠바에 사용하던 조치와 어조를 그대로 차용했다.

프렌드쇼어링Friendshoring[89)]

　신자유주의가 이번에는 과연 어떤 방식으로 되살아나서 복잡한 지정학적 세계 정세에 적응해 나갈 것인가? 2000년대의 세계화는 포괄적 방식을 추구했다. 미국을 위시한 세계화의 주창자들은 세계무역기구WTO에 중국(2001)뿐만 아니라 러시아(2012)의 가입도 승인했다. 경제적 상호 의존성이 이들 참여국들의 어긋난 이데올로기를 바로잡을 수 있을 것이라 확신했다. 1996년 칼럼리스트 토마스 프리드먼은 "맥도날드 체인점이 진출해 있는 국가들끼리는 전쟁을 일으킨 적이 없었다."라며 세계화를 옹호했다. 그러나 2022년의 현실은 러시아와 중국이 더욱 공격적으로 팽창 정책을 펼치고 있다고 서방은 인식하고 있다. 유럽중앙은행 총재 크리스틴 라가르드는 지정학적 상황이 변화하고 우리와 다른 전략적 목표들을 가진 국가들이 더 위험한 교역 상대국이 될 때, 상호 의존성은 어느새 취약성으로 변해 버린다고 역설했다.[90)]

　15년 전부터 유럽연합은 저비용의 유능한 인력들을 보유한 대규모 인접 국가인 우크라이나와의 프랜드쇼어링을 부추겼다. 이러한 움직임은 구체적으로 유럽연합과 우크라이나의 경제 통합 및 정치적 협력 협정European Union Association Agreement의 형태를 띠게 되었다. 2000년대 말에 시작된 양측의 협상은 러시아와 우크라이나 사이의 갈등의 역사에서 결정타가 됐다. 2013년 말, 유럽연합과 우크라이나는 협정 체결을 준비하고 있었는데, 빅토르 야누코비치 우크라이나 전 대통령이

러시아의 압력으로 인해 예고 없이 협정을 포기했다. 그의 거부로 인해 키예프 독립광장의 민중 봉기가 발생했고, 몇 주 후 야누코비치 정부는 실각했다. 2014년 2월 친유럽파가 정권을 잡게 됐고, 마침내 유럽연합과의 협정을 체결했다. 이후 크림반도가 러시아에 합병됐고 도네츠크 인민공화국 및 루간스크 인민공화국이 독립을 선언했다.

2014~2020년 동안 110억 유로에 달하는 원조를 동반한 우크라이나와 유럽연합의 협력 협정은 2017년 9월 1일부터 마침내 시행됐다. 평화, 지속 가능한 발전, 투명성, 시민 사회, 그리고 '문화 간의 대화'에 대한 진부한 서론을 견뎌 내면서 2,135페이지에 달하는 협정 문서를 과연 몇 명의 유럽인들이 읽어 보았을까? 협력 협정의 경제적 의미가 명확하고 분명하게 드러난다. 자유시장경제 원칙에 기초한 관계를 구축하기 위해서 우크라이나는 거시경제의 안정성, 건전한 국가 재정 유지, 국제 수지의 발전성을 위해 지침에 따라 점차적으로 유럽연합 정책에 맞추어 가기 위한 모든 수단을 사용한다. 결론적으로 우크라이나 정부에 허가된 유일한 옵션은 긴축밖에 없었다. 신자유주의 철학 '워싱턴 컨센서스'의 유럽판인 '브뤼셀 컨센서스'와 다름없다.

협정문의 지정학적 의도는 어렵지 않게 파악된다. 상당 부분 러시아에 의존적인 우크라이나에 안보 및 공동 방위 정책을 포함하는 대외 안보 정책 영역에서 점진적인 공조를 거론하고, 핵을 포함한 에너지 영역에서의 협력을 권장하고, 에너지 자원, 공급자, 발송 경로, 에너지 운송

방식의 다양화를 권하는 것은 러시아에 대한 도전을 알리는 것이었다. 다른 조항들은 한층 더 공격적이다. 우크라이나는 국가 표준을 유럽 표준으로 전환한다. 이러한 전환과 동시에, 우크라이나는 상반되는 모든 국가 표준을 폐기하고 1992년 이전에 구축된 국제 표준(러시아 연방에서 인준된 무역 및 산업 표준), 즉 동구권에서 계속된 모든 표준 적용을 중단한다. 결국 협력 협정문은 유럽연합이 우크라이나가 경제 분야에서 '탈러시아' 하도록 했다. [91]

우크라이나의 경제 주권 포기를 상세하게 명시한 44개의 부속 조항을 읽고 나면, 우리의 가치를 수호하는 형제 국가에 러시아가 침공한 이래로 유럽인들이 내보인 애정 어린 표현들이 갑자기 위선적으로 보인다. 2013년, 키이우에서 근무하는 한 서방 외교관이 다음과 같이 인정했다. "이 협력 협정은 일종의 식민지 정서를 반영한다."[92] 2004년 유럽연합에 가입한 중유럽 국가들인 폴란드, 체코, 슬로바키아, 헝가리의 산업 예비군(자본주의 사회의 실업자 및 불완전 고용자)을 자국으로 파견된 탐욕스러운 독일 제조업 하청 업체들에게 보냈던 것처럼, 우크라이나 실업자들은 러시아로부터 폭격당한 제강소 파편 위에 승승장구하게 될 공장에 채용될 것이다. [93] 요컨대 더 강력한 구매력을 가진 유럽연합 국가들에 우크라이나 난민들이 제공할 육체 노동의 자유주의를 우크라이나에 강제했다. 우크라이나 전쟁으로 키예프는 2022년 6월 23일 마침내 유럽연합 가입 후보국 지위를 획득했다. 2022년 8월 29일 독일 울라프 숄츠 총리는 "저는 서부 발칸반도 국가들(우크라이나, 몰도

바, 조지아)를 포함하는 유럽연합의 확대에 찬성합니다."라고 선언했다. 유로화를 기반으로 독일이 현대판 신성로마제국을 꿈꾸고 있었다. 그러나 독일의 이러한 제국의 꿈은 미 제국주의의 벽에 부딪치고 만 것이다.

관계 재조정recalibration

앞서 우리는 글로벌 경제가 세계무역기구로 대변되는 세계화의 시대에서 궤도를 이탈해 이제 지정학의 시대로 진입하고 있다고 언급했다. 글로벌 경제의 발칸화balkanization-서로 적대적이거나 비협조적인 여러 지역으로 쪼개지는 현상-를 의미하는 탈세계화로 인해 미국의 전통적인 동맹국들은 워싱턴과의 동맹과 중국과의 무역이라는 양자택일의 선택을 강요받고 있다. 이 과정에서 워싱턴과 전통적인 동맹국간의 마찰과 알력이 커져 가고 있다. 워싱턴의 전통적인 동맹국인 이스라엘조차도 미국의 대중국 봉쇄 정책의 압박에서 자유로울 수 없다. 워싱턴의 압박으로 텔아비브는 2020년 해외투자 국가안보 평가 자문위원회The Advisory Committee to Inspect National Security Aspects of Foreign Investment를 구성하였다. 동 위원회는 2020년 5월 중국 기업 헛치슨 워터Hutchison Water사의 담수화 공장 건설을 위한 입찰을 거부했다. 이스라엘은 또한 하이파Haifa 항구의 새로운 컨테이너 터미널 관리권을 중국 기업 상하이 국제 항만 그룹Shanghai International Port Group에 부여했던 것을 UAE 기업으로 대체하려 시도하고 있다고 언론은 보도했다. 경제에 대한 지정학 우위 시대의 영향으로 중국의 대이스라엘 기술 회사에 대한 투자 건수는 2018년 72건에서 2020년 45건으로 급감하였다.[94)

이러한 경제에 대한 정치 우위의 분위기는 유럽의 가장 강력한 워싱턴의 동맹국인 독일과의 관계에서도 여과 없이 그대로 노출되고 있다. 특히 "러시아 및 중국 문제와 관련해 워싱턴-베를린은 동맹 관계에 있지 않다. 러시아와 관련해서는 이견 차이가 해소되고 있지만, 베이징 문제와 관련해 워싱턴과 베를린 사이에는 엄청난 거리감이 존재하고 있다."고 외교관계위원회Council on Foreign Relations 챨스 쿱찬Charles Kupchan은 진단한다.[95) 앞서 언급한 독일과 러시아를 연결하는 112억 달러의 가스관 노르드 스트림 2 사업의 워싱턴-베를린 동맹 관계에 심각한 균형을 야기해 온 대표적인 현안으로 워싱턴은 동 사업에 결사적으로 반대해 왔다.

앙겔라 메르켈 전 독일 총리는 과거 동방 정책Ostpolitick의 창시자 윌리 브란트Willy Brandt의 바톤을 이어받아 미국과는 동맹 관계를 유지하면서 이와 동시에 적국과는 경제적으로만 관여를 유지하는 정책을 고수해 왔다. 그러나 지난 20년간 독일의 '무역을 통한 변화Wandel durch Handel' 정책은 베를린의 정통 동방 정책의 왜곡에 불과하다고 영국 체텀 하우스Chatham House 한스 쿤드나니Hans Kundnani는 꼬집으면서 무역을 통한 정치적 변화라는 독일 외교 정책은 독재 정권과의 통상 관계 심화를 위한 구실에 불과하다고 평가 절하한다. [96] 독일 BMW는 영국 옥스포드에 있는 미니MINI 전기차 생산 라인을 중국으로 이전하기로 했으며, 중국 창청자동차와 합작으로 약 1조원을 투입해 장쑤성에도 공장을 건설 중이다.

워싱턴이 중국 견제를 위해 전통적인 동맹 관계의 재조정을 단행하면서 독일의 수출 주도의 대외 정책도 도전받고 있다. 무역을 통한 변화라는 독일의 대외 정책은 베를린의 가장 중요한 산업인 자동차 산업이 주도하고 있다. 지난 10년간 중국은 독일의 최대 통상 파트너의 위치를 유지해 왔으며, 무역 규모가 2020년 2,430억(한화 340조) 달러 수준까지 도달했다. 유럽 최대 자동차 회사인 폭스바겐의 전체 자동차 수출액의 40% 이상이 중국에서부터 얻어지고 있다. 바이든 행정부는 중국 봉쇄를 위한 전통적인 동맹 규합 차원에서 전통적인 동맹국들에게 구애 신호를 보내고 해묵은 갈등 요인을 해결하려고 노력해 왔다. 바이든은 에어버스Airbus에 대한 보조금 지급과 관련하여 유럽연합과 17년을 유지해 온 통상 분쟁에서 유럽에 대해 관세를 부과하는 것을 정지했으며, 베를린에 대한 구애의 신호로 러시아 주도의 노르드 스트림 2 건설사에 대한 제재를 면제하는 조치를 취했다. 한국과의 관계에서도 바이든은 2021년 3월 주한미군 방위비 분담 협정에 동의하면서 서울은 트럼프가 요구한 터무니없는 방위비 인상안을 회피할 수 있었다.

그럼에도 불구하고 워싱턴의 전통적인 동맹국들은 비록 워싱턴과 군사 동맹을 맺고는 있지만 베이징의 거대한 시장이 유혹하는 수지맞는 통상 측면의 이해관계를 완전히 간과할 수 없는 것이 현실이다. 지금은 영국의 총리가 되었지만 2021년 7월 영국 재무장관이었던 리쉬 수낵 Rishi Sunak은 '성숙되고 균형 잡힌 대중 관계'를 요구하면서 미국 주도의 반중 정서 움직임에 경계심을 드러냈다. 이러한 움직임 속에서 발생한 우크라이나 전쟁 발발로 인해 워싱턴과 전통적인 동맹국 간의 관계는 더욱 미지의 세계로 진입하고 있다.

2022년 11월 4일 미국과 유럽연합 주요국의 강력한 반발에도 불구하고 울라프 숄츠 독일 총리는 방중을 강행했다. 시진핑 중국 국가 주석의 3연임을 확정한 이후 G7 국가 중에서 중국을 방문한 최초의 지도자가 되었다. 숄츠 총리는 "독일은 무역 자유화를 확고히 지지하고 경제 글로벌화를 지지하며 탈동조화decoupling를 반대한다."고 언급했다. 독일 방중단 명단에는 폭스바겐, 지멘스, 도이치방크 등 독일 12개 재계 유력 인사들이 대거 포함되면서 수출 중심의 독일 외교 정책의 연속성을 보여 주었지만, 워싱턴과 여타 EU 회원국들은 이번 방중에 대해 중국을 견제하는 기조에서 독일이 이탈해 단일 전선에 균열이 초래될 수 있음을 우려하고 있다. 베이징은 EU와 미국의 분열을 위해 EU 에어버스 항공기 24조 원 140대 구매 계약이라는 당근책을 제시하며 미국의 공세에 대응하고 있다.

워싱턴은 왜 이제
세계화에서 발을 빼는가?

2022년 현재 글로벌 긴장 고조에 일정 부분 원인을 찾을 수 있는 인플레이션은 미국 주도의 세계 질서에 영향을 미칠 수 있는 지정학적 현상이라고 할 수 있다.[97] 1960년대 말 고비용의 베트남 전쟁 수행과 미 대통령 린든 존슨의 '위대한 사회'복지 프로그램의 여파로 돈이 너무 많이 풀리면서 물가가 서서히 상승하기 시작한다. 그러나 당시 물가 폭등의 직접적인 원인은 1973년 욤 키푸르 4차 중동 전쟁, 1979년 이란 혁명이 초래한 에너지 가격 급등으로 인한 공급 충격이 일차적인 요인이었다. 이로 인해 전 세계 경제는 악순환이 반복되었다. 지정학적 격변이 경제적 혼란으로 이어지고 이는 다시 전 세계 지정학적 불안정으로 이어졌다.

2022년 미-중 경제 관계의 혼돈스러운 이혼인 디커플링decoupling으로 공급망 충격이 발생하여 글로벌 경제의 인플레 압력이 가중되고 있다. 코로나 팬데믹에 대응하기 위해 각국 정부가 시장에 시행한 엄청난 돈 풀기 정책은 이러한 물가 상승 추세를 부채질하고 있다. 치솟는 물가를 잡기 위한 미국 연준의 이자율 인상 정책은 미국이 감당해야 할 물가 상승의 고통을 전 세계로 전가시키는 것으로 여타 국가들에 인플레 고통을 가중시키고 있다. 특히, 파월 쇼크는 이미 코로나로 인해 지난 10년간의 경제적 발전을 상실해 버린 과다 채무를 지고 있는 여타 국가들에게 결정타로 작용할 수 있다. 1980년대 초반 미국의 급격한 이자율 인상으로 라틴 아메리카 부채 위기를 초래한 역사가 재현될 조짐을 보이고 있는 것이다.

인플레이션과 지정학 격변의 부정적인 관계에도 불구하고 미국 달러 금융 패권주의의 측면에서 인플레이션은 결코 중립적이지 않았다는 것을 역사는 보여 주고 있다. 다시 말해 기축 통화인 달러를 통해 금융 패권을 행사하고 있는 독수리는 무섭게 격차를 좁혀 오는 판다를 견제하기 위해 의도적으로 세계화에서 후퇴하면서 지정학적 긴장을 조성하고, 시장보다 정치 논리를 우선시하는 보호무역주의로 노선을 변경하고 있다. 이러한 묘책이 효과를 발휘하는 이유도 물론 기축 통화라는 달러의 힘에서 나오는 것이기 때문이다.

탈세계화: 지정학 우위의 시대

2021년 초반 중국 통신사 화웨이 이슈, 오쿠스Aukus 동맹 체결에 이어 2022년 2월 24일 서방의 경제 제재 위협에도 불구하고 러시아가 우크라이나 침공을 결정한 것은 지정학 경쟁이 글로벌 자유무역 질서보다 목소리가 커져 가고 있음을 보여 주는 것이라고 분석되고 있다. 한반도도 국제 정치 경제의 새로운 분위기에 자유로울 수 없다. 한국은 이미 미국의 전기차 보조금에 대한 한국산 자동차에 대한 차별 유지 움직임, 폴란드 정부의 첫 원전 사업자로 미국의 웨스팅하우스가 선정되고 한국수력원자력이 탈락한 이면에도 이러한 지정학적 흐름이 큰 영향을 미치고 있다. 지정학 우위의 시대는 이제 시작에 불과하며 글로벌 경제는 이러한 새로운 환경에 적응해야 할 것이다. 물론, 경제와 지정학은 완전히 분리할 수 없는 것이 국제 정치이며 바로 이러한 연유에서 '국제 정치 경제'라는 용어가 생성되었다. 경제의 궁극적인 목적이 지정학적 특성을 보였음에도 불구하고 지난 70여 년간 글로벌 경제 관계는 자체 규율에 따라 작동하면서 글로벌 자유무역 통상 질서가 유지되어 왔다.

중국의 부상과 미국의 베이징과의 경쟁 관계 심화로 이러한 자유무역 질서가 종식될 조짐을 보이고 있다. 경제 통합을 통한 수렴에 실패하면서 지정학이 국제 정치 경제의 전면에 등장하고 있다. 바이든의 중국 위협 강조, 전임자인 트럼프의 통상 제한 조치들을 해체하지 않겠다는 바이든의 결정은 외교 정책이 경제보다 우선시되는 새로운 시대에 접어들었다는 것을 확인시켜 주고 있다. 베이징의 다자주의 지지 표명, 역사적 전통과 집권 철학도 대내외적 경제적 관계에 대한 정치적 통제가 우선시되고 있음을 강조해 주고 있다. 시진핑 '일대일로Belt and Road Initiative'의 주요 수단인 국가 인프라 개발을 위한 대규모 차관 제공의 조건도 매우 모호하며, 정치적 조건이 수반되며, 다자적 절차에 의한 부채 재조정을 명시적으로 배제하고 있다는 점이 이러한 지정학 우위의 시대를 증명해 주고 있다고 죠지타운Georgetown 대학 안나 겔펀Anna Gelpern은 분석한다. 심지어 경제의 정치에 대한 우위가 확고히 자리 잡은 유럽에서조차 지정학적 사고가 팽배해지고 있다. 각 국가의 자유 재량권보다 공동 규범이 우선시되어야 한다는 사고방식이 유럽연합의 DNA를 형성하고 있었다. 하지만 브뤼셀도 다가오는 새로운 시대에 눈을 뜨기 시작한다. 2019년부터 유럽연합 집행위원회 의장 우르줄라 본데어라이엔Ursula von der Leyen은 '지정학 위원회geopolitical commission'를 환기하기 시작했다.[98]

베이징 자유무역주의 vs 워싱턴 보호무역주의

미국과 중국이라는 글로벌 자본주의 양대 거점은 무역, 금융, 기술 분야에서 극도로 상호 의존적인 관계임에도 불구하고 치열하고 지속적인 힘겨루기를 지속하고 있다. 미국은 2001년 중국이 세계무역기구WTO에 가입하는 것을 도왔다. 그 이면에는 중국의 경제적 자유화가 정치적 개방으로 이어질 것이라는 워싱턴의 기대가 있었다. 2022년 현재 규제를 완화한 중국은 미국의 다국적 기업을 내세워 오히려 워싱턴의 보호무역주의에 대항하고 있는 역설적인 상황이 발생하고 있다.

세계주의(자본)와 주권주의(국가)를 결합한 중국의 부상은 국가가 자국 경제의 세계 시장 편입을 감독했기 때문이다. 다시 말해 사실상 국가 자본주의state capitalism를 운영하고 있는 중국 경제에 신자유주의의 요소가 깊숙이 침투할 여지가 없었던 것이다. 글로벌화는 중국을 과거 남미나 동아시아와 같은 의존적인 발전에 가두지 않고 중국의 국력 강화에 기여했다. 중국의 경우 국가가 지배적인 역할을 수행하며 단계적으로 개방을 실시해 미 금융 패권주의의 마수를 회피할 수 있었다. 외국 자본의 종류와 규모를 통제했으며, 합작 회사 설립 시 외국인에게 소수 지분만 허락해 기술 이전을 감독했다. 국가가 핵심 산업 분야의 조건을 규정하고 화웨이처럼 세계와 경쟁할 수 있는 국가 대표 기업 부상을 장려했다. 2000년대 말 투자 체제 자유화와 일부 공기업 주식 매각에서도 베이징은 통제력을 잃지 않았다.[99] 국가는 '핵심 자산의 소유권, 인사권, 견고한 후원 체제의 토대, 당과 국가의 핵심 기구에 대한 완벽한 통제와 계획화'를 유지했다.[100] 이러한 기조는 지금도 유지되고 있다. 베이징이 너무 거대하고 자율적이라고 판단한 금융 서비스 분야 인터넷 대기업 알리바바, 텐센트와 그 외 다수의 기업을 무릎 꿇린 최근의 사건이 이를 잘 보여 주고 있다.

이러한 세계주의와 국가주의의 절묘한 결합으로 힘을 축적한 베이징은 이제 미국과 맞짱을 뜨려고 하고 있다. 2021년 4월 8일 미국 상무부 산업안보국은 미국의 국내 안보와 대외 정책의 이해에 반하는 활동을 벌인 단체 목록에 중국 슈퍼컴퓨팅 기업들을 추가했다고 발표했다.

2021년 6월 3일 조 바이든 행정부는 중국의 군산복합체의 위협에 대응하기 위해 이 복합체와 관련된 중국인 또는 중국 기업과의 거래를 범죄로 규정한 트럼프 행정부의 행정명령 13959호를 갱신 및 확대하기로 결정했다.[101] 미국의 공급망에 대한 백악관의 한 보고서는 반도체 생산과 어드밴스드 패키징(칩의 구성을 최적화해 면적을 줄이거나 성능을 높일 수 있는 기술), 전기 자동차 배터리와 같은 대용량 배터리, 필수 광물질, 의약품 및 원료 의약품 분야에 대한 미국의 취약성을 평가했다. 2021년 6월 8일 미 상원은 '미국 혁신경쟁법'을 가결했다. 미 양당의 초당적 지지를 받은 이 법안에 따라 5년에 걸쳐 첨단 기술 분야의 연구 개발을 위해 2,500억 달러의 자금 지원을 예고하고 있다.

이러한 미국의 내부로의 회귀 움직임에 대해 중국은 정치적 힘으로 경제 법칙을 수정하는 것은 비현실적이라고 주장하며 자유무역주의를 옹호하고 있다. 미국이 초국가적 공급망을 재정비하고 민감한 기술에 대한 중국의 접근을 막기 위해 노력 중인 반면에 중국은 자유무역과 세계 금융의 일인자를 자처하며 워싱턴 보호무역주의에 맞서고 있다. 초국적 자본의 유한한 애국심과 무한한 욕망을 간파한 베이징은 자산 관리, 채권, 보험, 신용평가 등 국내 자본 시장 일부를 개방했다. 그리고 특수 시장에 진출하는 미국 대기업이 지분의 전부 혹은 과반을 소유한 자회사를 수립하는 것도 허가했다. 환구시보Global Times는 2020년 6월 중국은행이 2019년과 2020년 골드만삭스, 블랙록, JP모건체이스, 시티뱅크, 모건스탠리, 아메리칸익스프레스, 페이팔, 마스터카드, S&P글로벌, 피치레이팅스 등에 내준 허가를 언급하면서 "미국이 문을 걸어 잠그는 동안 중국은 문을 열고 있다."고 보도했다.

영국 이코노미스트도 2020년 9월 베이징은 외국 자본이 기대하지 않았던 기회를 제공하고 있으며, 시간이 더 흐른 후에나 가능할 것으로 예상했던 놀라운 기회들이라고 평가했다. 영국 파이낸셜 타임즈는 도널드 트럼프 시절 중국으로 유입된 미국 자본이 공식적으로 약 6천 2백억 달러에 달하는 것으로 추정했다.[102] 이 외에도 미국 증시에 상장된 수십 개의 중국 기업에 투자된 자금과 중국 기업들이 해외 조세 회피처에 세운 자회사까지 고려하면 미국 투자자들의 대중국 투자가 1조 달러를 넘어섰다고 시장은 분석하고 있다. 피터슨국제경제연구소PIIE는 "중국의 세계 금융 시장 편입이 속도를 내고 있다."고 평가했다.[103]

브렉시트Brexit의 교훈

2016년 6월 24일 영국 유권자 51.9%는 런던의 유럽연합 탈퇴를 선택했다. 전 세계 금융 패권을 장악해 온 런던 금융 특구 '시티오브런던'의 금융 회사들은 잔류를 압도적으로 지지했다고 알려져 있었기 때문에 국민 투표 결과는 예상을 뒤집는 것이었다. 프랑스 르몽드 디플로마띠끄는 영국 선거 관리위원회가 공개한 자료를 통해 그 배경을 분석했다. 산업 부문이 탈퇴 캠페인에 쏟아부은 지원금은 절반에 미치지 못했던 반면에 금융 부문 지원금의 2/3가 탈퇴 운동에 집중되었음이 밝혀졌다. 금융권이 잔류에 더 호의적일 것이라는 예상은 빗나간 것이다. 더 구나 금융계 내부를 들여다보면 그림이 더욱 선명해진다. 금융계는 두 부류로 나눌 수 있다. 하나는 은행, 보험사, 자산 운용사, 중개, 환전 및 연금 기금을 포함한 기관 투자사와 같은 제도권 금융기관이다. 제도 금 융권은 잔류 캠페인을 전폭적으로 지지하였다, 반면 대체 투자금융이 나 사금융으로 불리는 사모펀드나 헤지 펀드와 같은 두 번째 금융권은 탈퇴 캠페인에 전체 자금의 94%를 지원한 것으로 나타났다. [104]

이러한 초국적 자본의 위험성은 역사를 통해서도 증명되고 있다. 19 세기 자본의 유입은 영국 식민지의 발전에 중요한 역할을 했으며, 특히 미국에서 핵심적인 역할을 했다. 미국은 자본 유입 덕택에 유럽 경제권 에 편입되어, 대규모 산업 강국으로 부상할 수 있었다. 남북 전쟁이 끝 나고 1865년부터 1900년까지 영국이 전 세계에 투자한 자본 중 대미국 투자 비중은 평균 22%에 달했다. 1923년, 신생 산업 보호와 미국의 반 복된 금융 공황에도 불구하고 대미국 투자 비중은 영국의 국외 투자 총 액의 1/3을 훨씬 상회했다.

메이지 시대 일본의 집중적인 산업 및 군사 현대화 노력 역시 영국과 미국 투자자들의 도움이 필수적이었다. 역사학자 허버트 파이스는 일 본은 무기를 갖추고, 전쟁을 벌이고, 효율적인 국가 행정 시스템으로 철도를 단일화하고, 대규모 산업을 장려하고, 한국과 만주를 정복 및 개발하고, 자국 도시에 공공 서비스를 도입하기 위해 미국과 영국의 투자가 필요했다. 1904년 러일 전쟁을 앞둔 몇 년간 일본 국채의 절반가량을 외채가 차지했다. 일본은 전 세계의 기술과 장비를 도입했지만, 자본만큼은 주로 영국 자본을 도입했다. 일본은 영국을 향한 정치적 충성 못지않게 영국의 자본 덕분에 강대국이 되었다고 말할 수 있다고 평가했다. [105] 자유분방한 세계화의 혜택을 가장 크게 입은 판다가 이제 독수리를 넘어서려는 야심을 보이자 워싱턴은 중국으로 유입되는 자본과 고급 인력의 유입을 제한하여 베이징의 부상을 본격적으로 억제하기 시작했다. 워싱턴은 그 주요한 수단으로 경제 논리보다 정치 논리를 우선시하는 지정학 우위의 시대로 전환하였으며, 경제적으로 베이징을 견제하기 위해 재정 팽창과 인플레이션의 시대를 의도적으로 조장하고 있다.

새로운 재정 팽창의 시대는
무엇을 의미하는가?

우리가 앞서 살펴본 것처럼 달러 패권은 과거 여러 번의 위기를 잘 극복해 왔다. 1985년 플라자 합의를 통해 일본의 경제적 부상 날개를 미연에 꺾어 버렸으며, 1997년 아시아 금융 위기를 통해서 달러 영토를 확대했으며, 2008년 글로벌 금융 위기를 통해 유로화에 큰 타격을 입혔다. 워싱턴은 세계화의 혜택을 크게 입어 온 판다를 새로운 중국판 플라자 합의를 위한 협상 테이블에 강제적으로 앉힐 수는 없을 것이며, 과거 아시아 외환 위기를 통해 학습 효과로 무장하고 있는 중국 공산당이 통제하고 있는 베이징 자본 시장 개방을 강요할 수도 없는 처지이다. 이러한 딜레마 속에서 워싱턴이 선택한 전략이 바로 전 세계적 인플레이션 촉발이라고 할 수 있다. 독수리는 이미 우크라이나 전쟁 발발을 용인하고, 이를 빌미로 급격한 이자율 상승을 단행하면서 무한 패권 전쟁의 방아쇠를 당겼다. 기축 통화의 지위를 누리고 있는 독수리의 승산 가능성이 커 보인다.

비만한 판다panda

중국 공산당 독재 정권은 중국이 인공 지능과 의약 분야에서 기술을 독점하기를 원하면, 공산당과 민간 자본이 하나가 되어 엄청난 자금을 쏟아부을 수 있다. 규모의 경제와 정책 일관성이 결합되어 구체적 결과를 산출할 수 있다. 중국은 현재 5G와 배터리 산업 분야에서 서방을 조금 앞서고 있는 것으로 시장은 분석한다. 베이징의 경제력이 더 커질수록, 중국의 지정학적 근육도 성장할 가능성이 매우 크다. 특히 중국은 일부 핵심 전략 기술 부문에서 여타 국가들을 베이징에 의존적으로 만들고 새로운 규칙을 설정해 이들 국가들을 속박하려고 시도하고 있기 때문에 미국은 중국의 이러한 혁신 노력을 국가 안보의 문제로 다루고 있다.

워싱턴은 특히 AI와 슈퍼컴퓨터 부문에서 중국의 성장 잠재력을 꺾어 버리기 위해 총력을 기울이고 있다. 중국이 국가 전략 목표를 위해 집중적인 자원 투입으로 결과를 만들어 낼 수는 있지만 베이징의 독재적이며 상명하달식 경제 모델은 비효율이라는 약점을 내포하고 있다. 미국 기업은 똑같은 비용 투입에도 불구하고 여전히 중국 회사보다 2배 이상의 더 큰 효율성을 보이고 있다. 중국 공산당 독재의 거대한 불의 장막은 중국을 고립으로 처하게 할 것이며, 외국 자본과 아이디어의 유입을 방해하여 궁극적으로 덜 역동적이며 덜 창조적인 경제를 만들 위험성을 내포하고 있다.

중국이 지금까지 쌓아 온 부채는 대부분 대내적인 부채이다. 중국이 여전히 공산주의 국가임을 감안하면 향후 외환 혹은 금융 위기로 인해 경제적 어려움에 빠질 경우 중국 정부는 민간 기업인 헝다 그룹과는 다르게 사실상 자신들이 소유주로 있는 은행을 통해 부채 상환을 무한정 연기시킬 수 있다. 최악의 경우라도 파산한 은행 혹은 기업을 화폐 발행을 통해 국영화해 버리면 그만일 것이다. 2008년 이후 중국은 사실상 부채의 토대 위에 성장을 유지해 왔으나 이제 여러 가지 대내외적 여건 악화로 인해 어느 순간 큰 조정 과정을 거칠 수밖에 없을 것이며, 그 과정에서 중국 경제의 규모와 저력은 그만큼 쪼그라들 수밖에 없을 것이다. 과거 미-소 간의 냉전 시절 소련 연방이 겉으로는 미국과의 이념 경쟁에서 어깨를 나란히 할 정도로 강한 모습을 보였음에도 불구하고 어느 시점에서 결국 내부에서부터 무너질 수밖에 없었던 소련과 유사한 전철을 밟을 수 있으며, 시진핑 독재로 인한 지도력 리스크는 그 가능성을 더욱 고조시키고 있다.

미-중 관계를 정반대의 생각과 가치로 무장하고 있는 두 강대국의 대결로 정의하는 것은 새로운 냉전의 기운을 느끼게 한다. 그러나 냉전 시절 미-소 관계와 비교해 지금의 중국은 하나의 결정적인 차이점을 보이고 있다. 즉, 과거 소련이 미국 주도의 자본주의 체제와 거의 단절되어 있었던 반면에 21세기 베이징은 글로벌 경제에 분리할 수 없을 정도로 통합되어 있다는 점이다. 중국 공산당은 향후 10~15년 이내에 세계 최대의 경제 대국이 될 자신들을 '강력한 중력장gravitational field'으로 묘사하고 있다. 실제로 지난 20년간 중국 경제는 모든 것을 빨아들이는 글로벌 경제의 블랙홀이었다. IMF에 의하면 수출입을 모두 포함한 총 상품 무역 규모에서 중국에 비해 미국과 더 큰 무역 관계를 유지했던 국가들의 비율이 2000년 약 80%에 육박했던 반면에 20년이 지난 2020년에는 상황이 역전되어 미국에 비해 중국과 더 많은 무역 관계를 유지하고 있는 비율이 75%로 나타나 상황이 완전히 역전되었음이 들어났다.[106][107] 앞으로 우리에게 일상화될 재정 팽창과 인플레이션의 시대가 중국의 경제적 부상에 어떠한 영향을 가져오는지를 살펴보기 전에 소련 붕괴의 과정부터 알아보자.

레이거노믹스Reaganomics와 소련의 붕괴

레이건은 '힘에 의한 위대한 미국 재건'이라는 기치 아래 미국 경제가 당면했던 경기 침체와 인플레이션이 동시에 진행되는 스태그플레이션에 대한 처방책으로 기존의 케인즈 유효 수요 측면의 정책에서 벗어나 공급 측면의 정책이 가져올 파급효과가 수요 증대로 이어지는 '공급 경제학'을 내세웠다. 구체적으로 정부 지출 삭감, 소득세 감세, 정부 규제 완화, 안정적인 금융 정책을 골자로 하였다. 그러나 레이건의 이러한 정책은 전략방위구상SDI 실현이라는 사상 최대의 군비 증강과 모순된 면이 있었다. 그러나 전략방위구상은 미국 재정 적자 급증의 한 원인이 되었지만 체제 경쟁국 소련 연방의 몰락을 초래하는 전략적 목적을 달성하는 데 성공하였다.

소련 연방을 견제하기 위해 1983년 레이건 대통령이 발표한 전략방위구상SDI: Strategic Defense Initiative 이른바 별들의 전쟁 계획은 소련제국 붕괴를 가져온 가장 결정적 조치였다고 평가받고 있다. 전략방위구상이란 핵무기를 탑재한 미사일을 우주에서 요격할 수 있는 기술과 방어망을 의미한다. 달 착륙에 성공한 미국이 기술력을 총동원하여 별들의 전쟁을 시작하자 소련 지도부는 압박을 느끼게 되었다. 미국에 맞서 그러한 미사일 방어 기술을 개발하고 배치하려면 경제력과 과학 기술력을 집중시켜야 하는데 그렇게 하다가는 국가 재정이 파탄에 이를 수 있기 때문이었다.

레이건의 전략방위구상은 소련을 군비 경쟁에 끌어들여 군사적, 경제적 압박을 가할 수 있는 선전 수단으로도 매우 효과적인 방안으로 판명되었다. 비록 소련의 군사 예산은 철저한 비밀로 유지되었지만 아마도 소련의 연 GDP의 15~17%를 차지할 정도로 소련 경제에 큰 부담을 주었을 것이다. 결국 구소련 체제 해체에 한몫을 하며 냉전 시대를 종식하게 된다. 워싱턴이 이 계획을 밀고 나가면서 소련 경제는 큰 압박에 처하게 되었으며, 미국을 따라잡기 위해서는 인민들의 생활 수준을 희생시킬 수밖에 없었다. 결국 소련은 미국에 굴복하여 군비 경쟁을 포기하였으며, 미국에 대항해 우위를 가지는 군사력만이 소련 지도부가 개혁을 거부할 수 있던 마지막 보류였으나 결국 그것마저도 무너지게 되었다.

2022년 전 세계는 거대한 인플레이션 시대의 초입에 위치해 있다. 가랑비에 옷 젖는 줄 모르듯이 우리는 서서히 진행되고 있는 고물가에 우리도 모르게 익숙해지고 있다. 1980년대 레이건이 기축 통화의 지위를 활용하여 재정 팽창으로 소련 연방의 경제적 항복을 이끌어냈듯이 21세기 미국은 재정 팽창과 인플레이션을 통해 중국의 부상을 억제하여 달러 헤게모니를 유지하고 싶어 한다. 레이건 집권 8년 만에 미국의 국가 부채는 3배로 증가했으며, 이는 2차 세계 대전 이후 GDP 대비 각국의 국가 부채 비율이 축소되어 가는 흐름을 완전히 뒤집게 되는 결과를 가져왔다.

레이건 행정부 시절 재정 정책 대전환은 엄청난 변화였다. 집권을 시작한 1981년 1월 레이건은 재정 적자 740억 달러, 전체 국가 부채 9,300억 달러로 연방 재정이 통제 불능 상태라면서 깊은 우려를 표명했다. 불과 2년 만에 재정 적자는 2,080억 달러로 3배가 되었다. 1988년 전체 국가 부채는 2조 6천억 달러로 불어나 거의 3배로 폭증했다. 풀려난 달러는 전 세계 시장으로 흘러들어가 경기 활황과 인플레이션을 초래했다. 8년 만에 미국은 세계 최대 채권국에서 최대의 채무국으로 전환되었다. 그러나 1990년대 경제 활황세와 독일, 일본 등 경쟁국들의 꾸준한 경제적 쇠퇴를 경험하면서 일부 경제학자들은 레이건 집권 시기 경제 정책을 재평가하면서 재정 적자 반대론은 경제학의 문제라기보다는 자기 우월적이며 독선적인 도덕주의self-righteous moralism에 불과하다고 평가 절하했다.[108]

기축 통화의 지위를 바탕으로 사실상 무제한 달러를 찍어 내는 레이건의 재정 팽창 정책은 재정 적자와 무역 적자라는 쌍둥이 적자를 만들어 냈다. 일본과 독일의 경제적 부상에 직면해 미국은 자국의 수출 경쟁력을 높이고 쌍둥이 적자에서 벗어나기 위해 일본 엔화와 독일 마르크 가치를 높이고 달러 가치를 떨어뜨리는 플라자 합의를 강요하면서 이러한 재정 팽창 정책이 초래한 부정적 효과를 동맹국들에게 전가시켰다. 또한 1990년대 초반부터는 세계화를 무기로 자신들이 찍어 낸 달러가 전 세계 곳곳에 달러 자산 풀pool을 형성할 수 있도록 금융 팽창 정책을 본격화하였다. 앞서 우리는 이러한 배경에서 1990년대 초반 중동 지역에서 신자유주의가 본격적으로 팽창하기 시작했으며, 1997년 아시아 외환 위기가 발생하였음을 확인하였다. 이제 미국은 중국의 패권 야심을 꺾기 위해 새로운 재정 팽창의 시대로 방향을 선회하고 있다. 지금껏 그랬듯이 미국은 경제 위기 때마다 달러를 찍어 내면서 그 부담을 인플레이션을 통해 전 세계 여타 국가로 전가하고 있다.

바이드노믹스Bidenomics와 중국 견제

2020년 트럼프는 코로나 팬데믹에 대응하기 위해 3조 달러 이상의 지출 법안에 사인했다. 그의 후임자 바이든 또한 '미국 구원 계획American Rescue Plan'이라는 명목으로 1.9조 달러의 지출 법안을 2021년 3월에 통과시켰다. 바이든은 또한 2년도 채 안되는 기간 동안에 미국 GDP의 10%에 해당하는 달러를 쏟아부었다. 2022년 중간 선거 직전 미국의 인플레이션은 지난 40년간 최고치인 8% 이상을 기록했다. 2021년 초반 바이든의 거대한 경기 촉진책은 인플레의 방아쇠 역할을 했으며, 그 이후 러시아의 우크라이나 침공은 인플레이션를 가속화시켰다.

지난 2년간의 바이드노믹스Bidenomics의 결과는 단순히 인플레이션을 불러일으키는 것에 국한되지 않는다. 영국 이코노미스트는 바이드노믹스는 미국이 직면하고 있는 두 개의 거대한 장기적인 위협에 대응하기 위한 것이라고 분석했다. 즉, 점점 더 독재로 흐르는 중국의 부상과 기후 변화의 점증하는 위협이다. 구체적으로 바이든은 역사적인 이정표인 세 개의 지출 법안spending bills에 사인을 했다. 1조 2천억 달러의 인프라 투자, 2,800억 달러의 반도체 및 과학 법안, 그리고 마지막으로 3,900억 달러 상당의 기후 변화에 대응하기 위한 투자안을 내놓았다. 총 1조 7천억 달러의 행정명령은 사실상 완전한 산업 정책과 다름없는 것으로 미국의 이러한 보호주의 움직임은 장기적으로 미국뿐만 아니라 그 동맹국에게 부정적 영향을 가져올 것이라고 이코노미스트는 우려했다.[109]

보호주의는 미국의 우방과 적국에 모두 해를 끼친다. 국가의 적극적인 경제 개입과 정부 주도의 산업 정책은 워싱턴 우방국의 신뢰를 빼앗고, 여타 국가들로 하여금 똑같이 보호주의적 정책을 취하도록 유인하는 결과를 가져온다. 유럽연합과 한국은 자신들이 만든 전기 자동차의 구매자들이 북미에서 생산된 자동차에 특혜를 부여하는 미국의 새로운 보조금 혜택을 받지 못하는 데 대해 불만을 표출하고 있다. 바이든 인플레 감축 법안Inflation Reduction Act의 의도는 중국으로부터 공급망을 빼앗아 오는 것이다. 한국산 전기 자동차가 중국산 배터리를 사용하기 때문에 미국이 제공하는 보조금 혜택에서 배제된 것이다. 2022년 하반기 이미 현대가 만든 전기차의 북미 시장 판매가 급감하고 있다고 언론은 보도하고 있다. 더구나 이러한 미국의 산업 보호 조치는 세계무역기구의 규정에도 위반될 수 있다.

그럼에도 불구하고 지난 30년간 세계화의 열렬한 사도apostle 역할을 해 온 미국 정계의 초당적 분위기는 이제 더 이상 정부가 경제에 개입하는 보호주의적 산업 정책의 채택 여부 문제가 아니다. 어떻게 하면 이러한 미국의 산업 정책 즉, 보호무역주의를 더 효과적으로 만들 수 있는지 여부로 논의가 옮겨졌다. 같은 맥락에서 미국은 아무런 속박을 받지 않는 세계화를 추구하기보다는 전략적 경쟁자를 고립시키고, 동맹국들과 기존의 통상 관계를 재정립하고 싶어 한다고 이코노미스트는 분석한다.[110] 이러한 배경에서 워싱턴의 글로벌 공급망 재편 의도를 엿볼 수 있다. 첨단 기술 기업들이 중국 본토에서의 민감한 활동을 중국 이외의 지역으로 이전시키거나 혹은 중국 본토와 최대한 거리를 두게 하려는 워싱턴의 중국에 대한 이러한 기술 전쟁은 프렌드쇼어링friend-shoring이라는 완곡한 표현으로 이미지 세탁이 되고 있다

글로벌 공급망 재편의 의도

우리는 글로벌 공급망 교란supply chain disruptions으로 물가가 급등하고 있다는 얘기를 언론을 통해 접하게 된다. 세계의 수많은 기업들이 경제적으로 서로 밀접하게 엮여 있는 공급망 구조에서 베이징은 세계의 공장으로 기능해 왔다. 세계화를 통해 이제 몸집과 체력을 키운 중국 공산당은 '중국 제조 2025'를 통해 저임금으로 생산한 제품을 공급하는 위치에서 벗어나 첨단 기술 개발을 통해 글로벌 경제 구조에서 미국과 동일한 최상위 포식자의 위치에 올라서겠다는 야심을 드러내고 있다. 이에 미국은 탈세계화 논리를 통해 중국의 제조 능력까지 빼앗아버리기 위해 대응하고 있다. 미국은 트럼프 행정부 시절 미국이 캐나다와 멕시코와 타결한 새로운 자유무역협정문USMCA에 '비시장경제국non-market economies'이라는 용어를 도입하여, 캐나다와 멕시코가 수출 가격을 낮출 목적으로 기업에 보조금을 지급하고 있는 중국과 자유무역협정을 체결하지 못하도록 원천 봉쇄해 버렸다. 아울러 트럼프는 세법 개정을 통해서도 미국 내에 생산 기지를 둔 자국 혹은 외국 기업에 대해 엄청난 세금 혜택이라는 유인책을 통해 전 세계 생산 설비를 미국으로 유치하기 위해 노력했다.

2017년 6월 한·미 양국은 워싱턴에서 트럼프 행정부 출범 이후 처음으로 정상회담을 개최한다. 트럼프는 안보와 무역을 연계하는 전략을 대외 관계에서 노골적으로 구사할 것이라는 우려가 있었다. 양국 정상회담에서 트럼프는 한-미 FTA를 '무역 불균형 상황'으로 인식한 반면에 한국은 '이익 균형에 잘 맞아' 있다고 응수했다. "NAFTA 재협상은 미국이 맺은 FTA의 첫 번째 재협상 사례라는 점과 한미 FTA 개정 협상 이전에 이뤄진다는 점에서 한국에 시사하는 바가 크다. 트럼프 대통령은 대선 후보 시절부터 NAFTA와 한미 FTA 등으로 인해 미국 제조업 일자리의 약 3분의 1가량이 사라졌다는 발언을 하며 대통령이 되면 미국에 유리한 방향으로 재협상을 하거나 여의치 않을 경우 탈퇴할 것이라고 주장했다. 따라서 현재 이뤄지고 있는 NAFTA 재협상과 한미 FTA 개정 협상 요구는 트럼프 대통령 후보 시절 주장의 연장선상에 있다고 할 수 있다."고 한국개발원구원KDI은 분석했다.[111]

미국은 왜 뜬금없이 이익 균형이 잘 이루어지는 한미자유무역협정의 개정을 요구한 것일까? 우리는 북미자유무역협정NAFTA의 개정판이며 2020년 7월 1일 발효에 들어간 미국-멕시코-캐나다 협정USMCA을 통해 워싱턴의 의도를 간접적으로 파악할 수 있다. "실제 공개된 USMCA의 주요 내용 중에는 멕시코에서 미국으로의 생산 기지 이전을 유도하는 조항들이 가장 큰 변화로 부각됐다. 특히 새롭게 도입된 부분 중 무관세 혜택 대상을 규정하는 세 가지 내용은 멕시코 자동차 업계에 막대한 타격을 입힐 것으로 예상됐다. 우선 완성차의 역내 가치 비율RVC; Regional Value Content은 75%로 NAFTA의 62.5% 대비 크게 높아졌다. 또한 자동차 생산용 철강·알루미늄은 70% 이상을 북미 지역에서 생산된 것을 사용하도록 규정했다. '노동 가치 비율LVC; Labor Value Content'

이라는 개념도 새롭게 도입됐는데, 요약하면 완성차 한 대에 투입되는 노동자 임금의 45%를 시간당 16달러 이상으로 맞춰야 한다는 내용이다. 현재 시간당 임금이 그 절반 수준인 멕시코에서 생산하면서 세 번째 조건을 충족하는 것은 불가능하므로, 사실상 미국에 생산 기지를 이전하도록 유도하는 조항이다."[112]

영국 이코노미스트는 미-중 무역 관계의 디커플링으로 누가 수혜자가 누가 될 것인지를 자문하면서 국제 무역 질서 재편과 관련된 심도 있는 변화는 우크라이나 전쟁과 같은 최근의 지정학적 격변 이전에 훨씬 더 깊이 진행되고 있었다고 분석하면서 아시아 지역이 가장 큰 수혜자가 되었음을 보여 주었다. 2018년~2022년 사이 방글라데시와 태국의 대미국 수출량은 80% 증가하였으며, 베트남의 경우 그 비중을 170% 폭증하였으며, 인도네시아와 인도의 경우도 60% 이상 증가하였다. 그 결과 미국 수입품의 중국산 비중이 2018년 21%에서 2022년 17%로 내려앉아, 아시아 지역 전체 대 미국 수출량의 거의 절반 이상을 차지하던 중국이 현재 3분의 1 수준으로 하락하였음을 보여 주었다. 한편, 같은 기간 중국의 미국산 수입품의 비중이 2% 감소하였는데, 베이징은 이러한 감소분을 아세안 국가들의 수입품으로 대체하여 왔다.

중국의 인건비 상승으로 저부가 가치 제품 생산 공장들은 이제 방글라데시와 같은 저임금 국가로 이전하는 것이 더욱 매력적인 방안으로 다가오고 있다. 이러한 탈중국화 움직임은 트럼프가 부과한 관세가 큰 역할을 하였다고 피터슨 국제 경제 연구소The Peterson Institute for International Economics 채드 본Chad Bown 최근 보고서는 보여 준다. 관세가 부과되지 않은 미국의 중국산 수입품의 비중은 36%에서 39%로 증가한 반면에 7.5%의 관세가 부과된 제품의 경우 미국의 중국산 수입품의 비중은 24%에서 18%로 하락한 것으로 조사되었다. 아울러 IT 제품과 같이 25% 폭탄 관세가 부여된 중국산 제품의 미국 수입 비중은 16%에서 10%로 하락한 것으로 나타났다. 전체적으로 가구에서부터 반도체에 이르기까지 미국의 중국산 제품에 대한 의존도는 크게 감소한 것으로 조사되었다. 물론 인도나 베트남에서 생산된 제품의 중간재가 중국에서 수입되었을 가능성이 크다는 측면에서 공급망 데이터에 대한 더욱 정확한 정보가 필요하겠지만, 2018년~2022년 기간 사이 중국의 대미 전체 수출액 비중이 2% 감소한 부분에 대해 베이징은 아세안 국가들에 대한 수출로 대체하였다. 지정학적 사태 발전이 누적되면서 글로벌 공급망에서 아시아 지역이 차지하는 비중은 점점 더 중국의 내부가 아닌 외부로 집중될 것이라고 이코노미스트는 전망하고 있다.[113]

워싱턴은 인플레이션을 통해 무엇을 노릴까?

앞서 우리는 인플레이션이 지정학의 문제임을 살펴보았다. 현재 세계 각국은 역통화전쟁을 전개하고 있다. 일반적으로 통화 전쟁은 자국의 수출 경쟁력을 높이기 위해 통화 가치를 의도적으로 낮추는 디벨류에이션devaluation을 통해 촉발된다. 일본과 한국이 북미 시장에서 자국 수출품의 경쟁력을 높이기 위해 의도적으로 수출품의 가격을 싸게 하는 것과 같은 논리이다. 그러나 2022년 현재는 인플레이션 탓에 각국이 이자율 상승으로 통해 통화 가치를 올리는 역통화전쟁이 발생하고 있다. 역통화전쟁 상황에서는 기축 통화인 달러가 강세를 보이면서 각국의 구매력이 저하되어 세계 제조업 부진, 국제 교역 감소, 세계 경제 침체라는 연쇄 효과를 일으킨다. 글로벌 경기 침체 속에서 안전 자산에 대한 선호도가 높아져 달러가 한층 더 강세를 보이는 악순환으로 이어지는 달러 둠 루프dollar doom loop 악순환에 빠질 수 있다. 달러 강세로 인한 악순환을 의미하는 달러 둠 루프가 초래하는 더 심각한 문제는 전 세계 달러 표시 부채의 상환 부담이 커져 가면서 글로벌 금융 부문에서의 위험도가 증가할 수 있다는 점이다. 2022년 말 현재 이미 5개국이 IMF 구제 금융 신청을 하였으며, 미 연준의 통화 긴축이 초래한 달러 강세로 인해 IMF 구제 금융 신청이 기록적인 수치를 보이고 있다고 파이낸셜 타임즈는 보도한다.[114]

중국은 해외 직접 투자를 중남미 자원 부국을 중심으로 많이 하고 미국을 배제한 지역 기구에 굉장히 활발하게 참여해 왔다. 미 싱크탱크 애틀랜틱 카운슬Atlantic Council은 브라질 좌파 대통령 룰라 재집권으로 브라질 외교의 우선순위가 중국으로 이동할 것이라고 전망했다. 2008년 글로벌 금융 위기의 여파로 2014년부터 대다수 중남미 국가에서 정권을 잡은 우파 정부는 미국의 지정학적 선호도에 맞춰 대열을 재정비했다. 그로 인해 중국은 동맹국에서 위험 국가로 전락했다. 2022년 현재 중남미 주요 6개국 멕시코, 콜롬비아, 페루, 칠레, 브라질, 아르헨티나에서 진보 정권이 수립되었다. 핑크 타이드Pink Tide는 중남미 국가들에 온건 좌파 정권이 연이어 집권한 현상을 의미한다. 제1차 핑크 타이드는 1990년대 후반에서 2000년대 후반까지이며, 제2차 물결은 2018년부터 현재까지 이어지고 있다. 파월 쇼크가 몰고 올 지정학적 여파, 중남미에서 전개되는 미-중의 치열한 세력 각축이 앞으로 중남미에 어떠한 세력 판도를 초래할지 가늠하기 어려워 보인다.

차이나 런China run

파월 쇼크가 초래한 인플레이션은 물론 모든 신흥 개도국에 동일한 수준으로 나타나고 있지는 않았다. 글로벌 제조업 강국 중국은 공급 병목 현상에도 불구하고 인플레이션이 1.5% 수준에 불과했다. 그럼에도 불구하고 인플레이션은 무역 전쟁에서 중국의 경쟁 우위를 궁극적으로 갉아먹을 것이다. 경제 논리보다 정치 논리가 우선시되는 지정학 시대의 도래로 인한 공급망 충격, 인건비와 같은 비용 상승으로 인한 수익성 악화, 외국 기업에 대한 적대적인 투자 환경으로 탈중국 러시china run가 일어나고 있다.

외국 기업의 중국 시장 노출의 정도도 일반적인 생각과는 달리 크게 높지 않은 것으로 나타났다. 투자 은행 모건 스탠리Morgan Stanley에 의하면 미 주식 시장에 상장된 미국 기업의 중국 의존성은 미국 기업 매출액의 불과 4%에 불과한 것으로 나타났다. 일본과 유럽 기업들의 경우 각각 6%와 8% 수치를 보였다. 물론 영종별로 기술 하드웨어 기업과 같이 30%의 의존성을 보이기는 하지만 전체적으로는 여전히 낮은 수준임을 보여 주고 있다.[115] 반면 한국의 대중 수출 의존도는 25% 내외 수준을 보여 심각한 취약성을 노출하고 있다. 영국 이코노미스트는 "외국인 투자자들은 깊고 구조적인 문제들이 중국 시장을 잠식하고 있다고 본다."며 "자금 유출이 갈수록 격렬해지고 있다."고 보도했다. 국제금융협회IIF는 중국 투자 자본 유출 규모가 2021년 1,290억 달러에서

2022년 3,000억 달러로 급증할 것으로 전망하고 있다.[116]

중국의 심각한 부동산 상황도 자산 시장 침체의 모든 요소가 갖추어져 있다. 2022년 전 세계적으로 자산 기장 거품이 글로벌 경제를 크게 위협하고 있다. 그러나 이번 부동산 위기는 미국이 주도하는 것이 아니라 케나다, 네덜란드, 오스트레일리아, 뉴질랜드 및 노르웨이 지역에서 발생한 것이다. 부동산 시장 침체가 초래한 변화는 향후 수년간 매우 불편한 정치 및 사회적 결과를 초래하게 될 것이다. 특히 세계 최악의 부동산 관련 금융 위기는 중국에만 한정될 것이며, 이로 인해 초래되는 문제는 다행히도 중국의 국경선 내에서 봉쇄될 것이라고 영국 이코노미스트는 전망했다.[117]

무엇보다도 미 연준의 급격한 이자율 인상으로 여타 국가들도 예상치 못한 정치적 파장에 직면하게 될 것이라고 경고했다. 이러한 상황에서 각국의 정책 입안자들이 엄청난 구조 작전, 다시 말해 인플레이션을 더욱 부채질 할 대규모 재정 자금을 투입해야 할 현실에 직면하게 될 것이다. 시진핑의 금융 시장에 대한 자신감 결여, 지난 10년간 누적된 부채와 고평가된 위안화, 워싱턴의 공급망 재편을 통한 중국 경제 옥죄기, 파월 쇼크가 가져올 중국 부동산 시장의 충격파는 중국 경제를 후퇴하게 만들 것이다. 특히 앞으로 다가올 인플레이션 시대에 직면해 값싼 노동력을 강점으로 다양한 상품을 전 세계 구석구석 공급해 온 중국 경제의 비교 우위는 상당한 타격이 예상된다.[118]

스태그플레이션 부채 위기

냉전 이후 초세계화 기간 동안 중국, 러시아, 인도 및 여타 신흥 경제들이 세계 경제에 더욱 통합되면서 저가의 물품과 용역, 에너지 및 상품을 제공해 주었다. 가난한 남부 지역에서 부유한 북부 지역으로 향한 대규모 노동 이민으로 선진국들의 임금 인상은 억제되어 왔다. 이와 더불어 고도의 기술 발전은 생산성을 높였으며, 철의 장막 붕괴가 가져온 상대적 지정학적 안정성도 세계화 심화에 큰 역할을 했다. 이러한 '거대한 온건의 시대Great Moderation'는 2008년 글로벌 금융 위기로 균열을 보였으며, 2020년 Covid-19이 초래한 경기 침체로 완전히 박살나 버렸다.

글로벌 경제는 심각한 스태그플레이션 부채 위기에 직면해 있다. 글로벌 경제 GDP 대비 민간과 공공 부채의 비율은 1999년 200%에서 2022년 350%로 급증했다. 이러한 상황에서 통화 정책의 정상화(화폐 당국의 이자율 인상)는 많은 레버리지(부채)를 안고 있는 가계, 기업, 금융기관 심지어 정부를 도산과 디폴트 상황으로 몰아갈 것이다. 요컨대 우리는 현재 1970년대 스태그플레이션과 2008년대 부채 위기가 혼합된 스태그플레이션 부채 위기에 직면해 있다. 정부는 재정 지출 축소와 세금 인상을 통해 눈덩이 같은 부채와 적자를 줄일 수 있는 여력이 더 이상 없기 때문에 자국의 통화로 차입할 수 있는 국가들 특히, 기축 통화의 지위를 누리고 있는 국가들은 '인플레이션 세금'에 대한 유혹이 커져 갈 것이다.

초글로벌화hyper-globalization에 대한 반발심, 심각한 소득과 부의 불평등에 대한 국민들의 아우성으로 임금 인상 인플레이션의 위험한 악순환도 초래될 수 있다. 설상가상으로 새로운 보호주의 움직임으로 무역과 자본의 이동이 제한받고 있으며, 지정학적 각축으로 리쇼어링re-shoring 과정이 가속화되고 있다. 이민에 대한 정치적 저항은 임금 인상 압박을 가중시킬 것이며, 국가 안보와 전략적 고려로 인해 기술, 데이터, 정보의 흐름은 더욱 억제될 것이다. 이러한 세계 경제의 발칸화는 스태그플레이션 경향을 보여 주고 있다. 우크라이나 전쟁이 초래한 지정학적 혼란도 공급망 충격을 통해 스태그플레이션 흐름을 고착화시키고 있다. 서방과 중국과의 디커플링은 가속화되고 있다. 앞으로 다가오는 10년은 스태그플레이션 부채 위기가 될 것이다.[119]

우크라이나 전쟁에 이어 서방의 지정학적 경쟁국인 이란이 핵 개발의 문턱에 근접할 경우 이스라엘 혹은 미국의 군사적 대응을 불러올 수 있으며, 글로벌 경제에 거대한 오일 쇼크를 초래하게 될 것이다. 2022년 11월 하순 사우디 MBS 방한을 전후한 사우디 네옴 프로젝트라는 매우 위험한 노다지의 이면에는 정작 미국과 이스라엘의 이란 핵 시설 공습이 초래할 또 다른 차원의 인플레이션의 리스크가 도사리고 있다. 미국은 우크라이나 전쟁이 초래한 인플레이션 카드에 이어 언제든지 이란 핵 시설 공습이라는 카드가 야기할 인플레이션을 통해 글로벌 경제를 좌지우지할 수 있음을 간과하지 말아야 한다.

채권자에서 채무자로의 부의 이동

일련의 부정적 글로벌 공급 충격이 물가 성장세의 급등을 초래해 왔다. 과도하게 느슨한 통화 정책에 이은 코로나 팬데믹은 공급 병목 현상을 초래했으며, 중국의 제로 코로나 정책은 이러한 공급망 충격을 심화시켰다. 또한 러시아의 우크라이나 침공은 글로벌 에너지와 상품 시장에 더 큰 충격파를 몰고 왔다. 이와 더불어 서방의 폭넓은 경제 제재망, 무엇보다도 미국이 달러화를 무기화하면서 글로벌 경제의 파편화가 심화되고 있으며, 프렌드쇼어링friend-shoring과 무역과 이민 제한으로 인해 탈세계화 흐름을 가속화하고 있다. 이러한 스태그플레이션의 시대에 지정학적 각축의 승자는 과연 누가 될 것인가? 미국은 중국의 영향력과 베이징이 지금까지 경제적으로 구축해 놓은 지정학적 질서를 인플레이션이라는 무기로 허물어 버리기 위한 장기전의 신호탄을 쏘아올렸다. 바로 미국의 급격한 이자율 인상을 통한 전 세계적인 인플레이션 수출 전략이다.

1989년 5월과 6월 사이 발생한 중국 민주화 운동 천안문 6·4 항쟁의 대규모 시위를 촉발한 주요한 원인 중의 하나가 인플레이션이었다. 1984년에서 1987년 사이 중국의 소매 물가는 연평균 7.4% 증가했으며, 1988년에는 1년 전과 비교해 18.5% 폭등했다. 이러한 물가 폭등은 일반 국민들의 강력한 분노를 초래했을 뿐만 아니라 경제를 불안정하게 하고, 기업의 효율성을 잠식했으며, 인플레 기대 심리로 중국 전역에서 사재기와 뱅크 런bank run이 발생했다.[120] 제로 코로나 정책의 실패, 부동산 시장 침체, 경제 여건 악화 등 대내외적 악재로 인해 1989년 천안문 사태 이후 중국 공산당 권위에 대한 최대의 위협이 향후 수개월 이내에 제기될 수 있다고 영국 이코노미스트는 전망한다. 독수리는 이러한 기회를 결코 놓치지 않을 것이다.

2008년 글로벌 금융 위기를 예측했던 대표적 비관론자 '닥터 둠' 누리엘 루비니 미국 뉴욕대 교수는 각국 중앙은행이 경제 경착륙을 우려했다. 그는 연준이 통화를 축소하는 매파적 태도를 유지할 것이라고 확신하기 어렵다는 의견을 내면서, "중앙은행이 긴축을 약화시킨다면 인플레이션이 지속되고 경제 과열 또는 스태그플레이션이 발생할 것"이라고 전망했다. 대부분의 분석가들이 중앙은행이 계속 매파적일 것이라고 생각하는 것과 달리, 루비니 교수는 경착륙이 임박하면 그들은 더 높은 인플레이션을 수용하고 받아들일 것이라고 부언했다.[121]

인플레이션 목표치를 2%에서 4%로 수정하면 일부 장기 공공 부채를 인플레이션을 통해 되갚아 버리는 효과를 가져올 것이다. 전 세계 5대 경제 대국 평균으로 계산하면 각국이 높은 인플레이션 수준을 허용하면서 얻을 수 있는 재정 수익이 지난 코로나 팬데믹 과정에서 시장에 공급한 공공 부채 상승분을 상쇄할 크기라고 영국 이코노미스트는 주장했다.[122] 구체적으로 2%에서 4%로 인플레이션 목표치의 골대를 자의적으로 이동시켜 버리는 일방적인 정책은 대부분의 국가에서 공공 부채의 실질 가치를 약 10% 감소시키는 효과를 가져올 것이다. 인플레이션 세금이 가져다줄 재정 횡재의 크기를 글로벌 주요국 경제 GDP 대비 비율로 환산하면 미국 7%, 일본 21%, 영국 14%에 달하며, 특히 이들 국가들의 공공 부채 규모가 너무나 크기 때문에 이러한 4%대 인플레이션 용인 정책이 가져다줄 재정 성과는 너무나 매력적인 방안인 것이다. 공공 부채의 상당량을 사라져 버리게 하는 인플레이션의 이와 같은 마법 같은 힘 때문에 경제학자들은 중앙은행의 제도적 독립성의 중요성을 역설해 온 것이다. 그러나 앞으로 찾아올 재정 우위fiscal dominance의 시대에는 중앙 은행의 인플레 억제라는 신뢰성에 심각한 타격을 입힐 수도 있는 4% 인플레이션 용인 정책은 글로벌 '거시' 경제 체제에 유익한 변화를 가져올 수도 있다고 평가했다.[123]

이 과정에서 채권자에서 채무자로 부의 자의적인 재분배가 일어날 것이기 때문에 각국의 정책 입안자들은 선택에 의해서든 아니면 우연에 의해든지 간에 2% 인플레이션 목표를 폐기할 공산이 크다고 전망된다. 기축 통화국 미국의 의도적인 인플레이션 방조는 워싱턴이 갚아야 하는 미국 재무부 발행 채권의 가치를 떨어뜨리는 부의 자의적인 재분배를 초래할 것이다. 쉽게 설명하면 기축 통화 달러가 초래하는 인플레이션 비율만큼 각국이 외환 보유액으로 보유하는 달러의 가치는 공중으로 사라져 버리는 것이다. 이러한 미국의 행보에 보조를 맞추어 각국의 정치인들은 표를 의식해 언제든지 재정 투입을 할 태세를 보일 것이다. 어쩌면 미국과 여타 국가의 정치인들 모두에게 매우 매력적인 방안일 수 있다.

그러나 부의 자의적인 재분배로 손해를 보는 것은 인플레이션 세금을 내야 하는 일반 국민이라는 사실이다. 연금 고갈, 의료 비용 상승, 기후 변화 대응 등 미래 재정 투입을 필요로 하는 목록은 끝없이 늘어만 가고 있다. 특히 향후 인플레이션 리스크는 통화 정책이 아닌 재정 정책을 관장하고 있는 정치인들에 의해 초래될 가능성이 크다. 인플레이션이 상승하면서 재정 건전성을 외쳐 온 정부조차도 높은 에너지 및 식료품 가격 인상에 직면한 가계와 기업을 지원한다는 명목으로 더 자유롭게 방만한 재정 지출을 하게 될 것이다. 결국 중앙은행이 인플레이션을 억제할 수 있는 능력은 건전한 재정 정책을 추구하는 정치인들에 의해 의존하게 될 것이라고 이코노미스트는 우려했다.

독수리, 판다의 취약성을 맹공하다

국가 안보 수단의 전략적 이해와 초국적 금융의 이해, 이 둘 사이의 모순이 커질수록 미국은 지금까지 대외 정책의 핵심 목표로 삼아 온 세계적 자유화를 포기하고, 보호무역주의와 개입주의 국가로 회귀해야 하는 상황으로 내몰리고 있다. 이러한 상황은 자본의 논리와 국가의 논리의 대립이 있었던 19세기 말 최초의 자본주의 세계화를 막은 조건들을 상기시켜 주고 있다고 프랑스 르몽드 디플로마띠크는 분석한다.[124] 이러한 상황에서 워싱턴은 강달러를 통해 초국적인 특징을 보이고 있는 '자본의 논리'를 제어하려고 하며, 급속히 부상하고 있는 중국을 약화시키기 위해 베이징의 약점을 파고들고 있다. 워싱턴은 지정학 시대의 도래를 공식화하면서 글로벌 경제의 공급망 재편을 통해 세계의 공장 중국을 견제하고 초국적 성격의 다국적 기업들이 중국에서 탈출하여 북미로 다시 회귀할 것을 종용하고 있다.

유럽의 글로벌 위상이 에너지와 지정학 위기로 심각한 위협을 받고 있다. 설상가상으로 바이든 행정부의 '인플레 감축 법안'이 예정하고 있는 일련의 보조금 정책과 보호주의는 자칫 유럽에 대규모 산업 공동화 deindustrialisation를 초래할 것으로 우려된다. 이미 유럽 기업들은 벌써 반응을 보이고 있다. 독일의 거대 화학 기업 BASF는 최근 유럽연합 내에서의 기업 활동을 항구적으로 축소할 것을 발표하였으며, 스페인 에너지 기업 Iberdrola는 유럽보다 2배나 더 많은 자금을 미국에 투자하고 있다. [125] 워싱턴 정치 지형의 극화에도 불구하고 양대 정치 세력은 지정학적 문제와 관련된 안보 문제에 있어서는 한목소리를 내고 있다. 러시아를 견제하고, 중국을 억제하며, 유럽연합을 약화시키는 지정학적 전략 이슈에 있어 공화당과 민주당은 동전의 양면에 불과하다고 할 수 있다. 바로 이러한 지정학적 배경에서 우리는 미국의 급격한 이자율 상승의 또 다른 중요한 측면을 읽을 수 있다.

베이징의 아킬레스건: 부동산 시장

베이징은 1990년대 초반 가격 개혁을 통해 비로소 시장 경제 요소를 도입하면서 본격적으로 글로벌 자본주의 생산 체제에 조금씩 편입해 간다. 미국 주도의 신자유주의 세계화 물결에 편승하여 제조업 주도의 박리다매 전략을 통해 힘을 키워 왔다. 그러나 2008년 리먼 브라더스가 촉발한 글로벌 금융 위기에 직면해 성장률을 높여야 하는 중국 공산당은 경제의 외부적 충격이 가져올 취약성이 공산당 지배에 치명적인 위협으로 다가올 수 있음을 인식하고 거시경제 정책의 방향을 완전히 전환하게 된다. 글로벌 금융 위기가 초래한 경기 침체로 중국 제조업에서 쏟아져 나오는 대량의 실업자들이 건설 산업으로 유입될 수 있도록 사회 간접 자본 투자와 부동산 시장 활성화에 의존할 수밖에 없게 된다.

공산당이 지배하는 중국의 토지는 원칙적인 측면에서 중앙정부의 소유로 지방정부는 정치적 이유에서 저가로 제공되는 토지를 매입한 후 더 비싼 가격에 이를 다시 부동산 개발 업자에 매도하여 나오는 자금으로 지방 재정을 이끌어 왔다. 2008년 글로벌 금융 위기로 선진국의 민간 부문과 공공 부문이 투자할 여력이 없어지게 되면서 경제를 뒷받침할 수 있는 정책 수단은 중앙은행의 이자율 인하 조치밖에 남지 않게 되었다. 코로나 이전 지난 10년의 전 세계적 저금리 기조는 글로벌 부동산 시장 버블을 형성하였으며, 2020년 코로나 사태로 시장에 공급된 엄청난 공적 자금은 부동산 시장 과열에 기름을 붓게 되었다. 과도한 부채에 의존한 부동산 버블 경제는 결국 미 연준의 급격한 이자율 인상이 초래한 부채의 역습에 목덜미를 잡히게 되었다.

중국 지도자들은 지난 30년간 부동산 붐을 부추겨 왔다. 중앙 정부가 1994년 세금 제도를 대대적으로 개편하면서 지방정부의 세입 원천은 크게 축소되게 되었으며, 이와 동시에 지방정부는 채권 발행도 금지되게 된다. 이러한 재정 제약 속에서도 지방정부는 연평균 10%에 상당하는 경제 성장률을 달성할 것을 요구받아 왔다. 토지 매각은 지방 관리들이 의존할 수 있는 몇 안 되는 방안 중의 하나였다. 자산 매각을 통해 도로를 건설하고 공공 사업을 지속할 수 있었기 때문이다. 지방 정부는 또한 기업 설립을 통해 은행과 여타 자금 원천으로부터 자금을 차입할 수 있었다. 요컨대 중국 경제의 이러한 구조는 경제 성장이 부동산 시장의 활황과 긴밀히 연결되어 있다는 것을 의미하는 것이다. 1999년부터 2007년 사이 기간 동안 지방의 토지가 도시형 목적으로 전환된 비율이 연평균 23%까지 성장하였다. 공공 토지 매각은 연평균 31%까지 치솟았으며, 이로 인해 부동산 시장이 경제 성장을 통제하는 주요한 수단이 되었다. 2008년 글로벌 금융 위기 당시 베이징이 내놓은 5천 8백 60억 달러의 경기 부양책stumulus package의 대부분은 대여금과 그림자 금융shadow-banking funds의 형태로 부동산 개발 업자들에게 지원되었다. 부동산 시장은 경기 부양책의 가장 중요한 수단이 되었으며, 2010년까지 토지 매각은 지방 정부 재정 수입의 70% 이상을 차지하였다.

부동산 시장은 중국 경제 성장과 번영의 가장 큰 추동력 역할을 해 왔으나 이제 세계의 공장에 가장 큰 위협 요인으로 작용하고 있다. 주택 가격은 지난 15년간 급등해 왔다. 일부 대도시의 경우 연평균 10% 이상의 상승률을 기록하였다. 그러나 이러한 부동산 시장 팽창 과정에서 부동산 개발업자들은 엄청난 자금을 차입하였다. 모건 스탠리는 중동 부동산 시장의 전체 부채액을 중국 GDP(약 15조 달러)의 18%에 해당하는 2조 8천억 달러에 달하는 것으로 추산하고 있다.[126] 3천억 달러의 부채를 안고 있던 중국 부동산 개발 업체 헝다Evergrande 사태는 중국 부동산 시장의 취약성을 그대로 노출하고 있다.

부동산에 크게 의존하는 경제 구조를 탈피하지 못한 점은 지난 몇십 년간 중국의 가장 큰 경제적 실책 중의 하나로 판명되었다. 부동산과 전체 경제 성장의 관계는 그 어느 때보다 강력한 상태로 머물러 있다. 주거용 부동산에 대한 투자는 중국 GDP의 15%의 비율을 점하고 있으며, 건설과 여타 부동산 관련 산업이 더해지면 부동산이 중국 경제에 기여하는 비율은 29%까지 치솟았다고 하버드 대학 케네쓰 로고프 Kenneth Rogoff와 칭와대Tsinghua University 유안첸 양Yuanchen Yang은 분석한다. 그 결과 수요자와 개발 업자 모두 주택 시장을 대마불사로 여기는 분위기가 조성되었으며, 너도 나도 부동산 시장에 뛰어들게 되었다. 2019년 부동산은 중국 가계 총자산의 약 69%를 점하게 되었다. 이러한 과잉 의존으로 인해 중국 전체 가계 부채의 76%가 부동산 담보 대출인 모기지로 이루어져 있다. 부동산 개발 업체들도 점점 자금난에 처하게 되자 선분양 제도에 크게 의존하게 되었다. 2015년부터 2021년 7월 기간 동안 부동산 개발 업자들의 선분양 제도를 통한 자금 확보 비율이 39%에서 54%로 확대되었다고 프랑스 은행 나티식스Natixis는 분석한다. [127]

이처럼 중국 경제는 부동산 개발과 관련 산업들이 중국 GDP의 30%를 떠받치고 있으며, 부동산 개발 업체들은 2조 8천억 달러의 부채와 씨름하고 있다. 중국 가계가 미완공된 부동산에 투자하는 자금은 부동산 개발 업체들의 자금 공급원의 절반 이상을 차지하고 있다. 반면 지방정부가 재정 수입 창출을 위해 토지 매각과 부동산 개발에 의존하고 있는 것이 중국 경제 구조의 특징 중의 하나라고 할 수 있다. 블룸버그는 지난 1년 6개월 동안 중국 공산당의 그 어떤 조치도 부동산 시장 신뢰를 회복하는 데 큰 역할을 하지 못했으며, 꺼져 가는 주택 거품은 몇 년 동안 중국 경제를 뒤흔들 것이라고 전망했다. 왜냐하면 부동산은 중국 내수 경제의 핵심으로 부동산 버블이 꺼지면 세계의 공장은 직격탄을 맞을 수 있기 때문이다.

베이징의 자본 통제capital controls 집착

1980년대 서구와 일본의 경제적 부상을 견제하기 위한 1985년의 플라자 합의, 1995년 역플라자 합의 그리고 1997년 아시아 외환 위기까지 미국은 달러 제국 확대를 통한 금융 패권주의의 토대를 차근차근 쌓아왔다. 2000년대부터 유로화의 출범과 중국의 경제적 부상으로 미국의 헤게모니가 약화될 것이라는 분석이 제기되었다. 특히 일각에서는 워싱턴이 과연 중국의 경제적 부상을 어떻게 억제할 수 있을지에 대한 다양한 추측과 분석이 제기되었다. 워싱턴이 베이징에 플라자 합의와 같은 일방적인 양보를 강요하지는 못할 것이기 때문에 미국은 다른 방안을 고려할 수밖에 없을 것이라고 전망되었다. 이러한 분위기 속에서 베이징은 특히 1997년 외환 위기로 몇몇 아시아 국가에 강요된 자본 시장 개방의 폐해를 너무나도 잘 인식하게 되었다. 중국 공산당은 자유롭게 흐르는 민간 자본의 혜택을 크게 입었음에도 불구하고 5G, 스마트폰과 같은 대형 소비자 기술 회사consumer-tech firms들의 확산을 '무질서한 자본의 팽창'으로 규정할 정도로 경계심을 늦추지 않고 있다.

알리바바Alibaba 그룹의 창업자 마윈은 국가의 금융 분야 독점 지배를 공개적으로 비판하다가 중국 당국의 대대적인 공격을 받은바 있다. 알리바바의 금융 자회사 앤트그룹Ant Group의 주식 상장이 2020년 말 취소되었으며 당국은 알리바바 그룹의 사업 제한을 명령하였다. 이 사건은 기업가에 대한 압박을 통해 충성심을 이끌어 내고 기업의 금융 및 기술 자원에 대한 국가의 통제권을 어느 정도 유지하려는 중국 공산당의 의지를 보여 주는 것이라고 제롬 도욘Jerome Doyon은 평가한다.[128] 요컨대 국가와 자본 간의 관계에서 여전히 국가의 우위성을 보여 주고 있는 것이다. 이러한 시류는 한 발 더 나아가 중국 상장기업 정관에 중국 공산당 세포조직 역할을 명기할 것을 요구하고 있다. 2018년부터 중국 내 상장기업은 사내에 공산당 세포조직을 의무적으로 설립해야 한다. 이미 중국 대기업 500곳의 92%에 세포 조직이 존재하며,[129] 심지어 중국에 진출한 외국 기업 내부에 상당수의 당원과 세포조직이 존재하는 것으로 밝혀졌다.[130]

베이징은 위안화 안정을 위해 상업 은행의 외환 보유액 준비금 규정을 강제하며, 국영 은행은 중국 중앙은행을 대신해 시장에 개입하기도 한다. 그러나 완전히 개방된 자본 시장과 덜 고압적인 정부를 가진 한국과 같은 여타 국가들의 외환 시장 거래에 정부가 개입하기 위해서는 많은 제약이 있어 시장 논리에 따를 수밖에 없다. 중국이 자본 시장 개방을 두려워하는 주요한 이유 중의 하나이다. 2022년 10월 23차 공산당 대회가 열린 다음 날 외국인 투자자들은 중국 기업들의 주식과 위안화를 시장에 내다 팔기 시작했다. 중국 본토 기업이 장악하고 있는 홍콩 항셍 지수는 6% 이상 폭락장을 연출했다.

중국 정부가 가하고 있는 자본 통제capital controls에서 자유로운 외국인 투자자들은 똑같은 중국 기업 주식 보유에 대해 중국 본토의 투자자들보다 31% 정도 더 적은 세금을 내고 있으며, 이러한 갭은 2020년 이후 더욱 확대되고 있다. 중국 정부 발행 채권에 대한 외국인 소유는 최근 몇 년간 증가하는 추세를 보여 왔으나, 기업 차입은 여전히 국제화되지 못하고 국내적 수준에 머물고 있다. 외국 기관 투자자들은 1조 2천억 달러 상당의 중국 기업 채권 시장에서 1.5%만을 소유하고 있는 것에 불과하다고 영국 이코노미스트는 언급한다. 일부 경제학자들은 중국의 인구 노령화로 중국 경제는 경상수지 적자 문제에 봉착하게 될 것이며, 이로 인해 궁극적으로 해외 자본을 끌어들이기 위해 자본 시장을 개방할 수밖에 없을 것으로 전망하고 있다.[131]

중국 자본 시장의 현주소를 몇 가지 수치를 통해 확인해 보자. 영국 이코노미스트는 중국 자본 시장이 여전히 중국 공산당의 지침을 충실히 따르고 있다고 평가했다. 급성장하는 기술 산업과 초기 단계의 중국 자본 시장을 융합하려는 시도는 얼핏 성공적으로 비쳐지나 구체적 수치는 그렇지 않음을 보여 주고 있다. 최근 중국의 38건의 최대 규모의 기업공개IPO에서 자본 시장으로 유입된 자본의 22%가 국가 자본(중국 공산당의 표현을 빌리면 지도 자본guidance capital)으로 밝혀졌다. 또한 중국 자본 시장의 가치는 지난 10년간 크게 성장하지도 못한 것으로 나타났다. 2019~2021년 기간 상하이증권거래소STAR에 상장된 기업의 27%는 기업공개 시 주식 가격보다 낮은 가격에 현재 거래되고 있으며, 가장 최근에 상장된 기업의 경우 그 수치는 44%로 늘어나면, 중국 본토 베이징 주식 시장의 경우 그 수치는 60%에 도달하는 처참한 중국 자본 시장의 현실을 보여 주고 있다. [132]

전문적인 자금 관리 업무를 주로 하는 소위 기관 투자자Institutional investors들이 중국 자본 시장에서 차지하는 비율은 2012년 30%에서 2021년 거의 50% 수준으로 상승했다. 그럼에도 불구하고 중국 주식 시장 거래의 거의 80%가 소위 개미로 불리는 개인 투자자retail investors로 이루어져 있다. 이에 반해 미국의 경우 주식 시장 개인 투자자의 비중은 25%에 불과하며 대부분이 전문적인 기관 투자자가 장악하고 있다. 중국의 자본 시장이 외국인 투자자들의 입장에서 엄청난 잠재력을 가지고 있다는 것은 뒤집어 얘기하면 중국의 자본 시장이 아직 완전히 개방되어 있지 않음을 보여 준다. 2021년 기준 외국인들의 중국 본토 주식 보유 비중은 5%에 불과한 반면에 미국에서 외국인 투자자들은 미국 주식의 25%를 보유하고 있다.

이러한 중국 자본 시장의 폐쇄성은 채권 시장에서도 확인된다. 2021년 기준 외국인들은 중국 채권의 불과 3% 수준을 보유하고 있는 데 반해서 미국의 경우 30% 채권을 외국인이 보유하고 있다. 더구나 중국의 경우 외국인들은 정부 채권에 압도적으로 투자하고 있으며, 여전히 기업 발행 채권에 대해서 아직 완전한 신뢰감을 갖고 있지 못한 것으로 시장은 해석하고 있다.[133] 2020년 기준 한국 주식시장에서 외국인이 보유한 코스피 시총 비중은 39.17%에 육박했다. 우리 경제의 대들보 삼성전자의 경우 외국인 지분율은 2004년 4월 60%를 초과한 적이 있었으며, 최근에는 50% 이하에서 맴돌고 있다.

새도 뱅킹shadow banking 또한 중국 금융 시스템의 시한폭탄으로 기능하고 있다. 섀도 뱅킹은 일반 은행과는 달리 엄격한 금융 규제를 받지 않는 비은행 금융기관이기 때문에 규제의 사각지대에 놓여 있다. 2008년 미국의 금융 위기를 촉발시킨 서브프라임 모기지 사태가 대표적으로 이외에도 우리나라에서는 머니마켓펀드MMF, 환매조건부채권RP, 신용파생상품, 자산유동화증권ABS, 자산유동화기업어음ABCP, 헤지펀드 등이 있다. 은행의 요구불예금과 섀도 금융기관이 다루는 상품의 가장 큰 차이점은 위험성에 있다. 쉽게 말해 은행의 요구불 예금은 5천만 원까지 원금 보장이 되지만 그림자 금융 상품은 원금이 보장되지 않는다고 이해하면 된다. 불과 5년 전만 하더라도 그림자 금융 시장에 대한 자세한 분석이 없이는 중국 자본 시장의 완전한 그림을 그릴 수 없었다. 주식과 금융 시장은 저발달 상태에 있었으며, 일반 은행들은 규제가 너무 심해 고성장하는 경제에 자금을 제때 공급할 수가 없었다.

　중국 경제 성장의 이러한 빈틈을 파고든 것이 그림자 금융으로 이들은 느슨한 규제를 피해가면서 특히 부동산 개발업자들에게 담보를 통해 자금을 공급해 왔다. 심지어 일반 은행도 규제를 교묘히 피해 가면서 자신들의 자금을 '자산 관리 상품'에 투자해 왔는데, 이들 대부분이 그림자 회사shadow firms를 통해 이루어져 왔다. 2013년 미국 월가의 억만장자 투자자인 조지 소로스는 "급성장하는 중국의 그림자 금융이 2007~2008년 금융 위기 때의 미국 서브프라임 모기지 시장과 유사한 모습을 보이고 있다."고 평가했다. 2016년 소위 그림자 금융shadow-banking 산업은 중국 은행 총자산의 28.5%를 차지할 정도로 급성장했다.

달러 횡포에 대한 커져 가는 반발심

제국을 수호하기 위한 미국의 일방주의로 프랑스 정부는 지난 15년 동안 워싱턴이 준 모욕에 익숙해졌다. 미국이 프랑스 대통령들을 감청했다는 사실이 위키리크스에 폭로되었으며, 프랑스 기업 알스톰Alstom은 미국의 제너럴 일렉트릭General Electric에 의해 분할됐는데 이는 법률적 음모에 의한 노상 강도질과 다름없는 것으로 프랑스는 분개하고 있다. 미국은 또한 쿠바와 이란에 국제법을 위반하는 제재를 가했으며, 이 제재에 동참하지 않는 프랑스 기업과 은행에 천문학적인 벌금을 부과했다. [134] 르몽드 디플로마띠끄는 유럽이 러시아와 대륙 동맹을 형성할 수 있는 여지를 박탈해 버린 우크라이나 사태를 우려하면서 미국이 아시아에서 또 다른 태평양 전쟁을 준비하고 있다면서 파리가 이에 대해 분명한 입장을 보여야 할 것이라고 주장했다. 과연 미중 패권 전쟁의 진정한 승자는 누가 될 것인가?

우크라이나 전쟁이 발발하자 미국이 러시아 루블화를 국제금융결제망 스위프트SWIFT 시스템에서 퇴출시키자 크렘린은 러시아산 석유와 천연가스를 구매하려면 루블화로 내야 한다고 선언하면서 페트로 달러가 심각하게 위협받는 계기가 되었다. 러시아에 대한 제재가 지속 중임에도 불구하고 일부 유럽 국가들은 루블화로 러시아 석유와 가스를 은밀히 사들이고 있음이 밝혀졌다. 인도 역시 1,500만 배럴의 러시아 석유를 구매하면서 미국의 압력을 공개적으로 무시했으며, 산유국 리야드조차도 러시아산 석유를 구매해 서방에 재판매하고 있는 실정이다. 이란은 미국의 제재망을 피해 중국과 위안화로 원유를 거래하고 있다. 심지어 영국 석유회사 BPBritish Petroleum조차도 2020년 7월 상하이국제에너지거래소를 통해 중국에 이라크 원유 300만 배럴을 위안화로 결제한 바 있다. 영국 가디언은 전 세계가 지난 십 년간 최악의 부채 위기에 직면하면서 글로벌 최종 대부자lender of last resort의 필요성이 그 어느 때보다고 부각되고 있음에도 불구하고 전 세계 많은 국가들이 IMF가 너무 강압적이며, 심지어 신식민주의적 태도를 보이고 있다고 판단하여 다른 방안을 모색하고 있다고 분석했다.[135]

아시아 위안화 구상

탈탄소화de-carbonization기술 발전, 미국의 에너지 독립, 석유 시대의 종말이 다가오면서 석유와는 달리 달러에 기초한 미국의 금융 패권주의는 워싱턴이 어떠한 대가를 치르더라도 지켜야만 하는 마지노선이다. 이란, 이라크, 북한, 시리아, 리비아 그리고 남미의 베네수엘라 모두 페트로 달러에 도전했다가 강력한 제재에 직면하거나 국가가 거의 붕괴 직전의 상황에 처하게 되었다. 이라크 사담 후세인, 리비아 독재자 카다피 모두 이제 막 탄생한 연약한 유로화에 의지해 미국의 달러 패권에 도전장을 던졌다가 순식간에 모두 권력의 자리에서 쫓겨나 처형당했다. 블룸버그는 상하이 선물거래소 산하 상하이 국제 에너지거래소가 2018년 3월 26일 위안화 표시 원유 선물거래가 개시됐다고 보도했다. 2022년 현재 치열하게 전개되고 있는 미-중 무역 전쟁도 페트로 달러에 대한 베이징의 도전이 시발점이었다. 베이징이 워싱턴의 역린(逆鱗)을 건드린 것이다. 중국은 최대 원유 수입국임에도 불구하고 지금껏 미국과 유럽 주도로 원유 가격이 결정되는 데 불만을 표출해 왔다. 현재 세계 원유 거래는 영국 런던에서 거래되는 북해산 브렌트유와 미국 뉴욕에서 거래하는 WTI를 기준 지표로 하고 있기 때문이다.

중국 국영 연구기관 중국사회과학원Chinese Academy of Social Sciences (CASS) 3명의 연구원이 9월 국제학회 국제문제저널World Affairs journal에 게재한 논문을 통해 미 달러에 기초한 글로벌 경제에 대한 베이징의 의존성을 축소하기 위해 베이징이 중앙은행 발행 디지털 화폐인 '디지털 위안화'를 국내를 벗어나 글로벌 디지털 통화 수준으로 발전시킬 필요가 있다고 제언했다.[136] 비트코인 익스체인지 가이드Bitcoin Exchange Guide는 중국 중앙은행 발행 디지털 화폐인 디지털 위안화의 중국 내 사용자가 2021년 10월 기준 1억 4천만 명이 사용하고 있으며 거래액은 97억 달

러 수준을 보이면서 빠르게 시장에 안착하고 있다고 보도하였다.[137]

불곰의 반격

2014년 크림반도 병합 이후, 러시아 당국은 특히 은행 및 금융 부문에서 자국이 입은 심각한 충격을 극복하기 위해 자국의 경제 역량을 크게 강화하는 데 주력했다. 먼저 러시아는 중앙은행 준비금에서 달러의 비중을 줄였다. 달러의 횡포와 징벌적인 미국의 금융 제재의 폐해에서 벗어나기 위한 베이징과 크렘린의 금융과 탈달러화라는 이해관계가 수렴하기 시작한 것이다. 2013년 러시아 전체 수출액의 80%가 미 달러화로 결제되었지만, 2022년 현재 그 비중은 50%를 조금 초과하는 수준으로 감소되었다. 크렘린은 2013~2020년 사이 러시아 중앙은행의 달러 외환 보유액 규모를 절반으로 줄여, 유로, 위안화 및 금으로 대체했다. 그럼에도 불구하고 베이징과 크렘린의 탈달러화 움직임은 내용에서 차이를 보이고 있다. 2020년 기준 러시아의 대중국 수출액의 23%만이 달러로 결제된 반면에 중국의 대러시아 수출액의 60%가 여전히 달러화로 결제되고 있는 한계점을 보이고 있다.[138]

금융 부문에서도 러시아는 달러와 워싱턴 주도의 국제 금융 시스템에 대한 의존성을 낮추기 위해 고군분투하고 있다. 러시아 중앙은행은 국내 총생산의 3분의 1에 해당하는 준비금을 비축하여 서방의 자국 통화에 대한 공격에 대비했다. 크렘린은 2018년부터 신흥 강대국 중 최초로 미국 국채를 대량 매각하였으며 이 중 일부를 중국 국채 매입에 사용하여 중국 국채의 주요 매입국으로 부상했다. 크렘린은 또한 서방에서 시작된 금융 불안정으로부터 자국 은행 시스템을 보호하기 위한 방안도 모색 중이다. 2015년 러시아는 서방이 러시아를 서구의 금융 통신망 SWIFT에서 퇴출할 경우 자국 국내 거래를 담보할 수 있는 자체 금융 통신망 SPFS와 국내 결제용 은행 카드 Mir 체제를 수립했다. 2021년 러시아 국민의 87%가 Mir 카드를 보유하고 있지만 사용 비중은 전체 카드 거래의 4분의 1에 불과한 수준이다. 왜냐하면 러시아 중산층은 해외에서도 사용할 수 있는 서방의 카드를 여전히 선호하기 때문이라고 데이빗 퇴르뜨리에David Teurtrie는 자신의 2021년 저서 『러시아: 강대국의 귀환Russie: le retour de la puissance』에서 언급한다. [139]

러시아는 우크라이나 침공에 대한 서방의 제재에 직면해 반격을 하기 시작했다. 유럽, 북미, 호주 및 노르웨이산 농산물 수입 금지 조치를 취했다. 이러한 보호주의적 조치로 인해 러시아 농산물 생산은 증가하였으며, 2020년 수출액이 천연가스를 뛰어넘어 300억 달러라는 기록을 달성하게 된다. 이로 인해 생산 수단을 공동화했던 소련 연방 붕괴 이후 처음으로 러시아는 농산물 순수출국으로 등극하게 된다. [140]

걸프 국가의 정략적 동맹 다변화 노력

이스라엘 예루살렘 포스트는 카네기국제평화재단 아론 데이빗 밀러

David Miller의 발언을 인용하여 2022년 12월 현재의 워싱턴-리야드 관계를 다음과 같이 묘사했다. "서로에 대한 기대가 산산이 부서지고, 서로가 모욕과 굴욕감을 인식하는 일련의 사태가 이처럼 연속적으로 일어난 적은 단 한 번도 없었으며, 현재 양국 간에는 신뢰와 상호 존중감이 전혀 존재하지 않는다."[141] 바이든은 취임 이전부터 사우디를 공공연하게 경멸해 왔으며, 리야드를 국제 사회의 왕따pariah 국가로 만들어 버리겠다고 공언해 왔다. 참혹한 민간인 피해를 초래한 사우디의 예멘 내전 개입, 사우디 출신 미국 언론인 카쇼끄지 암살 사건, 유가 인하를 위한 미국의 증산 요청에 대한 리야드의 노골적인 퇴짜 놓기, 중요한 미국의 11월 8일 중간 선거를 목전에 두고 사우디 왕세자 MBS가 보인 이러한 반응으로 인해 미 의회 특히, 민주당에서는 리야드에 대한 무기 금수 조치 혹은 리야드와의 관계를 항구적으로 격하할 것을 요구하는 목소리가 커져가고 있다고 예루살렘 포스트는 우려했다.

지난 80년간 워싱턴-사우디 관계를 지탱해 온 안보와 석유의 교환 방정식 축이 청정 에너지로의 전환 움직임과 단극 이후의 시대에 직면하면서 약화되는 과정에 있다고 워싱턴 아랍걸프연구소 크리스틴 스미쓰 디완Kristin Smith Diwan은 평가한다. 양국 긴장은 1970년대 리챠드 닉슨 대통령이 아랍 세계의 석유 금수 조치에 대한 대응책으로 에너지 독립 정책이라는 안보 정책에 착수하면서 처음으로 긴장 국면에 처하게 된다. 10년 전 미국의 셰일 혁명은 이러한 에너지 독립을 가속화했으며, 미국은 사우디에는 미치지 못하지만 현재 세계 최고 수준의 전략 비축분을 보유하고 있다.

2022년 10월 5일 OPEC+ 일일 2백만 배럴 감산 결정에 분개한 미 의회는 초당적 그룹을 형성하여 노펙NOPEC: No Oil Producing and Exporting Cartels Act이라는 반독점 금지법을 통과 시킬 것을 요청했다. 20년 전부터 논의되어 온 동 법안은 국제 유가를 조작하는 OPEC 회원국과 그들의 국영 석유 회사에 대한 주권 면제법(국가 면제법) 적용을 배제함으로써 이들을 기소할 수 있는 권한을 부여해 주는 것을 골자로 하고 있다. 사실상 OPEC을 정조준하고 있는 미 의회 상하원은 또한 리야드에 대한 무기 금수 조치도 취할 것으로 요구하였다.[142] 워싱턴이 국내법을 통해 국제법이라고 할 수 있는 주권 면제법을 무시하려는 시도는 또 다른 달러의 횡포라고 할 수 있다. 왜냐하면 국제법상 국가 면제state immunity 또는 주권 면제sovereign immunity는 타국의 재판 관할권으로부터 자국 혹은 자국의 재산을 보호할 수 있도록 해 주는 국제법 규칙이기 때문이다.

심지어 일부 극단적인 민주당 의원은 UAE와 사우디에 배치는 5천 명의 미군과 군사 장비를 철수할 것을 요구하였다. 국제위기그룹 안나 쟈콥스Anna Jacobs는 이러한 마찰과 알력은 "워싱턴과 리야드 사이의 후견인-피후견인patron-client이라는 전통적인 역학 구도가 점점 침식되어 가고 있으며, 사우디가 더 공격적으로 자신들의 독립을 외치고 국제 무대에서 리야드의 역할을 모색하는 새로운 지정학적 현실을 보여 주는 것으로 MBS가 사우디의 이해관계를 최우선시하고 있기 때문에 양국의 이혼은 불가피하다."고 분석한다.

월스트리트저널은 만약 워싱턴이 노펙 법안을 통과시키면 리야드는 1,190억 달러 상당의 미 재무부 국채를 매도할 준비가 되어 있다고 보도했다. 비록 리야드가 16번째 규모의 미 국채 보유국임에도 불구하고 이러한 미 국채 투매는 미국 경제에 이자율 상승이라는 타격을 입힐 것이라고 시장은 전망한다. 리야드는 또한 워싱턴과의 관계 디커플링의 차원에서 자국 국방 산업의 자립도를 현재의 15%에서 50%로 끌어올리기 위해 자신의 가장 큰 형인 KBSKhaled ben Salmane를 국방장관 자리에 지명했다. 리야드는 이미 2021년 베이징의 지원 아래 자체 탄도 미사일 생산을 기도하고 있다고 미 CNN은 보도한 바 있다. 사우디 석유의 최대 수입국 베이징은 또한 후웨이를 통해 사우디에 5G를 공급하면서 리야드를 자신들의 전략 동맹으로 격상하면서 워싱턴을 크게 실망시켰다.

물론 리야드가 전략적이 아닌 정략적인 동맹을 다변화하도록 만든 것은 워싱턴이다. 오바마가 중동에서 미국의 존재감을 약화시키는 피벗 두 아시아Pivot to Asia 정책을 개시하면서 이러한 흐름은 가속화되었다. 오바마는 심지어 걸프 지역 전통적인 동맹국들과 사전 협의도 없이 일방적으로 이란과 핵 협정을 체결하면서 이 지역 동맹국들의 분노를 샀다. 트럼프는 2019년 9월 이란의 소행으로 의심받는 사우디 아람코 석유 시설에 대한 공격에도 불구하고 미국의 안보 우산을 제공하지 않았다. 바이든 행정부 출범은 리야드의 워싱턴에 대한 불신감만 증폭시켰다. 카쇼끄지 사건을 빌미로 MBS를 외교적 고립에 처하게 하였으며, 후티 반군의 사우디와 UAE 영토에 가한 드론 공격에도 불구하고 군사 행동이 아닌 외교적 비난 성명만을 내놓았다. 그럼에도 불구하고 워싱턴이 러시아의 우크라이나 침공에 대해 보여 준 이중적인 태도에 걸프 국가들은 크게 실망해 왔다.[143]

워싱턴과의 이러한 관계 소원과는 대조적으로 리야드는 2022년 12월 초 시진핑 중국 국가 주석의 사우디 방문에 큰 공을 들였다. 중국 외교부는 시진핑 주석의 12월 9일 제1차 중국-아랍 정상회담 참석은 건국 이래 베이징이 보인 최대 규모이자 최고 수준의 외교 행보로서 획기적인 이정표가 될 것이라고 떠벌렸다. 아랍권 언론은 중국-사우디 자유무역협정, 위안화 원유 결제, 리야드의 브릭스BRICs 가입 가능성, 그리고 양국간 폭넓은 기술 협력에 관한 소문들이 베이징-리야드 관계 밀착을 보여 주는 현실의 주요한 단면들이라고 진단했다.[144] 그럼에도 불구하고 리야드-베이징의 유대 관계 심화는 본질적으로 정략적인 연합alliance of convenience이라는 한계점을 극복할 수 없는 것이다. 시진핑 주석은 호기롭게 석유 수입의 위안화 거래를 제안했지만, 양국 공동 성명에는 이에 관해 일절 언급이 없었음이 드러났다.

이는 지난 70년 이상을 유지해 온 워싱턴과 리야드의 안보와 석유의 교환 방정식이 내포하고 있는 관계가 너무나도 전략적이기 때문에 쉽게 붕괴될 수 없기 때문이다. 페트로 체제가 붕괴된다면 워싱턴, 베이징, 리야드 중에서 하나도 동시에 와해될 것이며 그 결과는 자명한 것이다. 리야드가 걸프 지역, 아니 중동 전역에 미군과 동등한 수준의 힘을 투사할 능력이 없는 베이징 인민군에 자신의 안보를 의존하는 것은 지정학적 자살 행위와 다름없다. 워싱턴 아랍 걸프 연구소 로버트 모지엘니츠키Robert Mogielnicki는 리야드가 베이징과 체결한 500억 달러 규모의 투자협정 소식에 대해 다음과 같이 평가한다. 중국과 걸프 국가, 더 크게는 베이징과 중동 지역 전체와의 양자 관계에서는 실질적인 자금 이전보다는 양해 각서 체결과 투자 약속이라는 화려한 언론 보도가 더 손쉽게 이루어지고 있다. 더구나 걸프 국가들은 단합되어 있지도 못하며, 역내 치열한 경제적 각축전을 전개하고 있어서 다자적 관계보다는 양자적 관계 증진을 더 선호하고 있다고 평가한다.[145]

미국이 과연 금융 대량살상무기를 내려놓을까?

자본주의 팽창을 위해 식민지를 확대하고 청과의 심각한 무역 역조를 만회하기 위해 아편 전쟁을 벌였던 19세기 후반 영국과는 달리 금융 헤게모니를 장악하고 있는 워싱턴은 금융 대량살상무기 달러 조작을 통해 손쉽게 타국을 정복하고 자신들의 지정경학적 이해관계를 타국에 강요할 수 있는 세계에 우리는 살고 있다. 우크라이나 전쟁은 핑계일 뿐 워싱턴은 우크라이나 전쟁이 장기화하기를 내심 바라고 있을 것이다. 애초부터 글로벌 인플레이션 주범은 러시아였지만 이를 더 악화시키는 주범은 미국이다. 미 연준의 고금리 기조는 지속될 가능성이 크다. 미 연준의 강력한 긴축 의지를 과소평가해 온 시장market이 이제 제정신을 차리기 시작했다. 일본은행은 12월 20일 장기 금리 변동 폭을 2배로 인상했다. 글로벌 긴축 기조와 역행해온 일본 정부가 파월 쇼크에 결국 항복 선언을 하고 '사실상의 금리 인상'을 단행한 것이라고 시장은 해석한다.

국내 언론은 환율 고점론, 인플레이션 정점론이라는 수사학을 동원하면서 수많은 경제 주체들을 희망 고문해 왔다. 설령 미 연준이 조만간 정책 기조를 전환하여 더 이상 이자율 인상을 단행하지 않더라도 워싱턴이 전 세계적 인플레이션을 유지하고 강화시킬 수 있는 정책 수단이 다양하다는 데 주의를 기울일 필요가 있다. 앞서 언급했듯이 이란핵 시설에 대한 공습 가능성이 그것이며, 이로 인한 유가 충격파는 서서히 찾아오고 있는 고물가 시대를 더욱 공고화할 것이다. 인플레이션 고착화와 글로벌 경기 침체가 초래할 지정학적 역학 구도 재편을 통해 독수리는 판다와 같은 미국의 강력한 경쟁국들에게 큰 타격을 입을 것이며, 워싱턴은 잠시 후퇴했던 영향력을 회복하면서 세계 질서를 재확립해 나갈 것이다.

지정학적 둔감성

우크라이나 전쟁은 러시아군이 소문과는 다르게 재래식 전력에서는 약체임을 드러냈으며, 그 과정에서 유럽연합은 약화되고, 중국이 고립되면서 워싱턴의 세계 전략의 활동 여지를 높여 주고 있다. 시진핑은 우크라이나 전쟁이 제공해 준 타이완을 군사적으로 수복할 수 있는 절호의 기회를 놓쳐 버렸는지도 모른다. 유럽연합과 러시아가 약화된 상황에서 미국의 베이징 봉쇄는 훨씬 수월해질 수밖에 없을 것이다. 벼락부자가 하루아침에 유구한 지정학적 전통을 만들 수는 없는 것이다. 중국이 진정한 지정학 강대국geopolitical powerhouse이 되기 위해서는 수

많은 외교와 전쟁 실전 경험이 필요할 것이다.

필자는 유대 시온주의 흐름도 우크라이나 전쟁 발발에 영향을 미쳤다고 주장하였다. 트럼프가 물러나고 바이든 행정부가 출범하자 푸틴은 유대 시온주의 물결에 편승하여 우크라이나를 침공하고 영토를 병합하는 지정학적 노련미와 세련미를 보여 주었다. 그러나 시진핑은 국내 권력 강화에만 매진한 나머지 '하나의 중국'을 실현할 수 있는 드물게 찾아온 지정학적 기회를 놓쳐 버리고 말았다. 2022년 12월 현재 튀르키예 대통령 에르도간도 우크라이나 전쟁이 가져다준 지정학적 우위를 최대한 활용하여 과거 오토만 제국의 영토 수복을 위해 시리아와 이라크로 진군하고 있다. 2020년 중동 정치 질서가 격변을 경험하고 있을 때 베이징이 과연 어떠한 역할을 하였으며, 우크라이나 전쟁 발발과 전개 양상에 중국이 과연 어떤 비중 있는 역할을 하였는지에 대해 자문해 본다면 우리는 21세기 중국의 지정학적 위상의 현실을 분명하게 인식할 수 있다.

시진핑 주석 제3기 정부 출범에 즈음해 미국 뉴욕 타임즈는 '고맙다, 시진핑'이라는 칼럼을 통해 3연임에 성공한 시진핑 독재 체제가 미래에 미국과 자유 세계의 역사에 가장 큰 축복 중의 하나로 기록될 것이라고 전망했다. [146] 지난 10년간 중국은 자본주의 역동성과 권위주의 체제의 효율성이 결합된 독특한 모델을 제시하면서 경화된 자유세계와 커다란 대조를 이루는 듯했다. 그러나 시진핑 독재 체제 강화로 부패와의 전쟁은 정적 제거의 수단으로, 경제 개혁은 비효율의 대표 격인 국영 기업이 경제의 핵심 플레이어로, 강압적인 외교 정책으로 일본이 재무장을 하고, 바이든이 타이완을 군사적으로 수호하겠다는 약속을 하도록 만들었다고 지적했다. 중국 공산당의 도청, 해킹 그리고 지적 재산권을 침해하는 산업 정책으로 인해 후웨이와 같은 중국 대기업은 많은 서구 사회에서 방사능으로 인식되고 있다. 2020년 크리스토퍼 레이 Christopher Wray 미 FBI 국장은 "이제 우리는 FBI가 10시간마다 중국과 관련된 새로운 방첩counter-intelligence 사건을 개시하는 단계에까지 도달했다."면서 미-중 패권 경쟁이 치열하게 전개되고 있음을 내비쳤다. 이러한 배경에서 발발한 우크라이나 전쟁은 미-중 패권 경쟁 구도에서 독수리에 유리한 환경을 조성해 주고 있다.

밑천이 드러난 지정학적 균형추 러시아

러시아를 자극한 것이 미국의 거듭된 도발이라는 사실을 굳이 언급하는 것이 무의미해 보인다. 어찌하여 러시아가 미국이 독일 통일 때 약속한 것과 달리 러시아 국경으로 지속적인 진출을 꾀하고, 옛 소련연방국들을 자국 진영으로 흡수하며, 러시아의 전략적 수단을 위협한다고 생각하게 된 것인지 설명해 봐야 무용하다. 사실 구소련 시대에만 해도 서방 국가들은 이런 대담무쌍한 도발을 할 생각을 하지 못했다. 미국 또한 자국 국경 지대에 전략적인 적들이 진을 쳤다면 좌시하지 않았을 것이다. 1962년 10월 쿠바 미사일 위기가 이를 여실히 증명한다.[147)]

우크라이나 전쟁, 즉 러시아 '정권 교체'라는 위험한 도박을 부추긴 것은 군비 증강과 영원한 문명 전쟁을 추종하는 미국 신보주의자들(네오콘)만이 아니었다. 2022년 10월 4일, 4성 장군 출신이면서 보수 채널의 고문인 잭킨Jack Keane은 폭스 비즈니스Fox Business에 출연해 미국이 우크라이나 전쟁을 재정적으로 지원하는 이유에 대해 다음과 같이 설명했다. "우리는 꽤 많이 투자했다. 우크라이나에 올해 660억 달러를 투자했고, 이는 전체 예산의 약 1.1%에 해당한다. 투자로 얻은 것은 러시아를 저 멀리 가져다 놓았다는 것이다. 우리의 660억 달러로 전쟁하고 있는 것은 바로 우크라이나이며, 우크라이나는 전쟁터에서 러시아군을 글자 그대로 쳐부수고 있다. 러시아군은 몇 년 전으로 후퇴할 것이며, 소비에트 연방 탈환이라는 푸틴의 야망이 실현될 가능성도 빼앗기게 될 것이다. 게다가, 그런 상황이 발생하게 된다면, 이는 북대서양조약기구NATO와 러시아 간 전쟁이 될 것이며, 우리가 실제로 알고 있는 것보다 훨씬 더 큰 규모의 전쟁이 될 것이다. 이러한 투자에 대해서는 가치 있다고 생각한다."[148]

러시아 연방의 붕괴는 국제 무대에서 중국의 이익과 입장에 큰 충격을 가져올 것이다. 중국은 고립 상태에 놓일 것이다. 그렇게 되면 에너지 공급을 위협받게 될 것이며, 신실크로드 계획에 막대한 손해를 끼칠 것이다. 이런 상황에 직면한 중국은 자기도 모르게 러시아를 많이 도와주기로 약속했을 것이다. 중국이 여기에 뛰어든다면, 힘의 균형이 다시 바뀔 것이다. 확실히 우리의 우크라이나 지지는 군사 균형을 깨트렸다.

중국도 똑같이 할 수 있을 것이다. 다른 의미에서지만 말이다.[149] 우크라이나의 승리는 현재 이라크와 아프가니스탄 전쟁에서의 굴욕으로 흔들리는 미국의 국제적 위상을 다시 강화시켜 줄 것이고, 모든 자주 국방에 대한 야망을 포기한 유럽연합 내에서 미국의 패권을 더욱 공고히 해 줄 것이다. 우크라이나의 승리는 우크라이나가 영속적으로 NATO에 종속되는 결과를 가져오게 될 것이다. 다시 말해 러시아와 영원히 긴장 관계 속에 살아가야 하는 것이다. 분명히 러시아는 절치부심 설욕의 기회를 노릴 것이기 때문이다.

러시아가 자국에 꼭두각시 정권을 강요하고, 우크라이나 화폐를 루블화로 대체하고, 러시아어 교육을 의무화하려는 현실 속에서 발생한 우크라이나 전장에서 거듭된 패배는 러시아군의 위상을 실추시키는 한편, 러시아의 모험주의는 유럽 대륙 내 미국의 영향력만 더욱 키우고 말았다.[150] 러시아의 굴욕적인 패배가 미국의 헤게모니를 더욱 강화시키는 결과를 낳을 것이라는 사실을 이해할 수 있다. 사실상 NATO를 지배하고, 우크라이나에 수십억 달러를 지원하며, 서구 진영의 숙적을 약화시키려 노리는 것은 바로 미국이기 때문이다. 국제 질서에서 두 적수가 차지하는 위상을 잘 안다면, 많은 저개발국들이 러시아의 우크라이나 침공에는 반대하면서도, 러시아에 지정학적 균형추 역할을 기대하는 이유를 이해할 수 있을 것이다. 그들은 러시아가 무너지는 순간 미국의 자만심은 극에 달할 것이고, 조금이라도 미국에 반항하는 나라들은 온갖 위험에 처할 것이라고 우려한다. 그들은 또한 미국이 어떤 합법성도 없이, 심지어 참여를 원치 않는 나라들에까지 제재 조치를 강요하는 것도 문제라고 생각한다. [151]

이차 제재secondary sanctions

확고히 서방 진영에 속해 있으며, 끈질긴 중국의 협박을 받고 있는 타이완이 생산하는 반도체의 60%를 중국이 흡수하고 있다. 베이징은 또한 매년 반도체 장비 글로벌 전체 수요의 4분의 1을 점하고 있다. 스탠다드 차타드Standard Chartered 은행 토니 푸Tony Phoo는 사업에서는 미국 기업에, 무기 수입에서는 워싱턴에 크게 의존하고 있는 타이완이 워싱턴의 수출 통제 체제와 첨단반도체 대중국 수출 제한 조치를 감수할 수밖에 없을 것으로 내다본다. 이로 인해 2023년 타이완의 경제 성장은 타격을 입을 것이라고 경제학자들은 전망한다. [152]

프로젝트 신디케이트Project Syndicate는 2018년 10월 기사를 통해 트럼프 행정부가 전임자들로부터 물려받은 유산 중에서 이차 제재 secondary sanctions 덕분에 미국이 사악한 행위자들을 글로벌 경제에서 대부분 배제할 수 있었으며, 트럼프는 한 발 더 나아가 이러한 이차 재제 시스템을 통해 동맹국까지도 위협하는 강력한 수단이 되었다고 분석했다. [153] 비록 트럼프가 중동 지역에서 전쟁을 개시하고 싶어 하지는 않지만, 그렇다고 이것이 미국이 정권 교체 사업에서 손을 뗀 것은 아니며, 트럼프는 2003년 부시 행정부가 이라크 침공을 통해 달성하려고

했던 목적을 강력한 제재crippling sanctions를 이란에 부과해 달성할 것임을 분명히 하였다고 평가했다. 2018년 11월 4일 이란의 핵심 석유 산업에 대한 제재가 발효에 들어갔다. 워싱턴은 한 발 더 나아가 이란을 달러에 기초한 글로벌 경제에서 완전히 배제하기 위해 동맹국을 포함한 여타 국가에 이차 제재까지도 부과하게 된다.

프랑스 비엔피 빠리바스BNP Paribas가 미국의 제재 위반으로 적발되었을 때 부과되었던 벌금이 너무나도 컸기 때문에 글로벌 금융 시스템에는 큰 충격이 초래된 적이 있었다. 전 CIA 국장 마이클 헤이든Michael Hayden은 미국이 고안한 이차 제재 시스템을 '21세기 정밀 유도 미사일'로 비유한 바 있다. 1990년대 서방이 이라크 전체에 대한 제재와는 다르게 이차 제재는 전 국민이 아닌 정권을 상대로만 하기 때문에 매우 효율적인 것으로 판명되었다. 오바마 행정부도 이란에 대한 징벌적 조치를 더욱 날카롭게 하고 미세 조정하였기 때문에 이란이 결국 미국과의 핵협상 테이블에 나올 수밖에 없었다. 트럼프 행정부하에서 이차 제재 수단은 수술용 메스scalpel에서 큰 망치sledgehammer로 발전한다. 유럽연합의 한 고위 정책 입안자는 트럼프 행정부의 새로운 제재안을 우방과 적을 동시에 공격하는 집속탄cluster bomb으로 규정하게 된다.

유럽연합은 트럼프가 이란 핵 합의JCPOA에서 일방적으로 탈퇴한 이후에도 이란과의 무역 거래를 유지하기 위해 다방면으로 시도하지만 워싱턴의 횡포로 인해 성공하지 못한다. 왜냐하면 트럼프는 유럽연합 기업 임원뿐 아니라 심지어 은행 간 국제결제시스템 스위프트SWIFT 임원까지도 표적 제재로 위협했기 때문이다. 트럼프는 유럽연합 관리뿐 아니라 유럽중앙은행과 독일 분데스방크Bundesbank 이 사진에 대해서도 은근한 위협을 가하여 유럽연합이 이란과의 통상 거래를 하지 못하도록 막았다는 소문까지 나돌았다. 미국 금융 시스템이 트럼프 국가 안보 정책의 연장이 되자, 유럽 지도자들은 달러의 횡포를 한탄하기 시작했다. 2018년 10월 독일 비즈니스 신문 한델스블라크Handelsblatt와의 인터뷰에서 독일 외교장관 헤이코 마스Heiko Maas는 유럽연합의 독자적인 지불 시스템 창설의 필요성을 주창한다. 심지어 대서양 동맹을 열렬하게 주창하는 유럽연합 회원국조차도 달러 체제의 대안을 마련해야 할 필요성을 느끼게 되었다고 프로젝트 신디케이트는 보도했다. 이러한 달러의 포악성은 워싱턴이 구축해 온 구조적 힘에서 나오고 있다.

화폐의 지정학: SWIFT

영국 이코노미스트는 지난 몇 년간 세계화를 지탱해 온 서구 주도의 인프라가 황폐해져 가고 있는 반면에 중국은 신뢰성 있는 대안을 제시하고 있는 상황을 글로벌 경제의 현실로 진단하면서 세계무역기구는 누더기가 되어 버렸으며, IMF와 세계은행은 자신들의 존재감 유지를 위해 고군분투하고 있으며, 기술을 규율할 글로벌 규칙에 관해 어느 누구도 합의를 보지 못하고 있다고 분석했다. 이러한 암울한 세계 경제 전망에도 불구하고 한 가지 예외가 있는데 그것은 서방이 여전히 글로벌 돈의 흐름에 대한 주도권을 잡고 있다는 점이다. 서구 통화, 특히 달러 지배 구조를 떠받치고 있는 글로벌 결제 시스템 스위프트SWIFT는 여전히 위력을 발휘하고 있다고 평가했다.

지난해만 스위프트는 글로벌 전체 GDP의 150%에 상당하는 거래를 담당했으며, 서구가 이러한 화폐 지정학의 우위를 유지하려면 더 많은 투자를 해야 할 것이라고 제언한다.[154] 200개 국가의 11,000 은행을 연결하는 스위프트는 유럽에 본부를 두고 있음에도 불구하고, 워싱턴 달러 영향력의 주요한 축의 하나로 진화해 왔으며, 제이피모건 체이스 JPMorgan Chase 은행이 SWIFT 달러 지분의 24%를 점하고 있다. 해킹에 취약하며, 거대 기술 회사, 카드사 및 은행들이 스위프트 대안을 마련하고 있다는 사실 이외에 국제 결제 시스템을 위협하는 가장 큰 요인은 미국이 달러 시스템에 너무 안일한 태도를 보이고 있으며, 무엇보다도 워싱턴이 스위프트 시스템을 활용하여 정치적 제재를 가해 왔기 때문에 여타 국가들이 대안 마련에 나서기 시작했다는 점이다. 또한 스위프트 지배 구조 개혁이 시급하다. 집행위원회는 유럽 은행들로 가득한데 이러한 구도는 1970년대에나 정당화될 수 있는 구도이다. 집행위원회 25개 의석 중에서 미국은 2개, 중국은 하나의 자리를 차지하고 있는 반면에 인도와 브라질은 단 하나의 의석도 차지하지 못하고 있다.

2012년 미국과 유럽은 스위프트에 대한 영향력을 활용해 스위프트 망에서 이란 은행들을 끊도록 강제했다. 이는 스위프트 역사상 국가 전체를 망에서 차단한 최초의 사례이다.[155] 이란은 다른 메시징 네트워크로 대체할 수 없는 연간 200만 건의 국제 지불을 위해 스위프트에 의존했었다. 접근권 차단은 이란 원유에 대한 지불을 불가능하게 만들었고, 이란 경제를 황폐화시켰으며, 해외에 투자한 외환 보유고의 상당량에 이란 정부가 접근하지 못하도록 했다.[156] 몇 년 뒤인 2017년에는 북한 은행들이 스위프트에서 차단됐다. 스위프트는 메시징 서비스이며 청산 및 결제에 관여하지 않지만, 은행이 이 망에서 차단되면 본질적으로 글로벌 금융 시스템과 많은 청산 및 결제 인프라에서 차단된다. 이러한 방식으로 스위프트 통제는 상당한 구조적 권력을 미국에 제공해 주기 때문에 베이징은 미국 재정력에 대한 취약성을 감소시키기 위해 스위프트 대안에도 투자하고 있다.[157]

네트워크 효과network effect

2008년 글로벌 금융 위기가 한창일 때 당시 중국인민은행 총재 저우샤오촨Zhou Xiaochuan은 "이번 위기와 그로 인해 전 세계적인 여파는 현 국제 화폐 시스템에 내재해 있는 본질적인 취약성과 시스템적 리스크를 반영해 주고 있다."고 진단하면서 달러가 지배하는 국제 외환 보유 시스템과 중국 위안화의 역할 확대를 위한 대대적인 개혁을 주창하였다. 하버드 경제학자 제프리 프랭켈Jeffrey Frankel은 중국이 대규모 경제임에도 불구하고 개방된 자본 계정이 뒷받침해 주는 강력한 금융 시장은 말할 것도 없거니와 중국 통화에 대한 폭넓은 국제적 신뢰성도 확보하지 못하고 있다고 평가하면서 국제 기축 통화로서의 지위에 근본적인 요소로 여겨지는 이 두 가지가 결여되어 있기 때문에 미국 달러 패권에 대한 중국 위안화의 도전은 아직 강력하지 못하다고 분석한다.

2019년 기준 대외 무역 거래의 88%가 달러를 통해 이루어지고 있으며, 중국 위안화는 4%에 불과하다고 국제결제은행BIS: Bank for International Settlements이 3년마다 내놓는 보고서는 언급한다. 한편 글로벌 전체 외환 보유액 중에서 중국 위안화의 비중은 약 2%에 불과하다고 IMF도 지적한다.[158] 미국외교협회Council on Foreign Relations 경제학자 브래드 셋세르Brad Setser는 위안화 국제화를 위해서 베이징은 통화 거래를 자유화하고 자본 계정capital account을 개방하여야 하지만 지금 현재 그 어느 방안도 안전하지 않다고 진단한다.

약 10만 명의 러시아군이 우크라이나 국경에 집결하고 있던 2022년 1월 18일 미 상원 외교 관계 위원회 위원장 밥 메넨데즈Bob Menendez와 39명의 상원은 크렘린이 우크라이나를 침공하기 못하도록 하기 위해 우크라이나 주권 옹호 법Defending Ukraine Sovereignty Act:DUSA을 발의했다. 동 법안은 푸틴이 우크라이나 침공을 단행하면 글로벌 달러 금융 시스템을 무기화하는 것을 골자로 하고 있다. 다시 말해 러시아 주요 은행과 에너지 기업을 포함하여 침공의 후폭풍으로 러시아는 미국 달러에 대한 접근이 완전히 봉쇄되게 된다.

미국 아틀랜틱 카운슬Atlantic Council은 동 법안의 세부 내용은 미국 달러 주권의 힘을 이해하는 하나의 방편으로서 많은 것을 시사해 준다고 분석하면서, 제재가 시행되면 러시아는 심각한 경제적 어려움에 봉착하게 될 것이라고 전망했다. 그러면서 달러가 지배하는 현재의 글로벌 금융 시스템은 달러 우위를 유지하는 일련의 강력한 네트워크 효과를 보유하고 있기 때문이라고 분석했다. 먼저 달러의 태환성 convertibility은 절대적으로 많은 사람들이 달러를 받아들이기 때문에 발생하는 것이다. 전 세계 거의 모든 사람들이 달러를 통해 사업을 하고, 여행을 하며, 송금을 하고 있다. 더구나 이러한 자연스러운 네트워크 효과는 인프라 네트워크 효과를 통해 뒷받침되고 있다. 다시 말해 전 세계 국제 금융 기구들이 달러에 기반해 구축되어 있기 때문이다.[159]

더 나아가 달러의 네트워크 효과를 강화시키는 또 다른 요소는 안전 자산으로서의 달러의 위치 때문이다. 전 세계 외환 보유고foreign reserves의 60% 이상이 달러 표시 외화 자산으로 이루어져 있다. 금융화가 심화된 현재의 글로벌 경제 구조에서 달러는 강력한 무기가 되었다. 공격적인 달러 무기화는 달러의 글로벌 경제의 기축 통화로서의 입지를 저해할 수도 있을 것이라고 전망하면서도 그러한 부정적인 파급 효과는 장기적인 측면에서 발생하게 될 것이며 중·단기적으로 달러 패권에 도전하는 여타 통화는 등장하기 어려울 것이라고 전망되고 있다. 인류 역사상 전대미문의 경제 금융 위기를 겪고 있는 레바논 지식층은 이러한 위기가 달러의 횡포에 기인하고 있다는 사실을 잘 인식하고 있음에도 불구하고 자택 보관 금고에 위안화가 아닌 달러를 보유하고 있다. 심지어 자식들이 중국이 아닌 미국 국적을 보유할 수 있도록 원정 출산의 위험을 감수하기도 한다. 베이루트 항구 대폭발 이후 미국, 영국, 프랑스로 이민을 가는 현실은 역설적이지만 미중 패권 전쟁의 향방에 대해 많은 것을 말해 주고 있다.

어젠다 설정agenda setting

신용평가기관은 스스로를 정치와 무관하다고 주장하지만 사실상 구조적 권력을 형성하면서 미 달러 주도의 금융 헤게모니의 선봉장 역할을 하고 있다. "신용평가기관은 다양한 종류의 부채 위험에 대한 정보를 투자자에게 제공하는 것을 도우며, 이들 기관의 평가는 기업과 국가의 운명을 크게 바꿀 수 있다. 국제 신용평가 시장은 '빅3' 미국 업체인 스탠더드 앤 푸어스Standard and Poor's, 무디스Moody's, 피치 그룹Fitch Group이 대부분 지배하고 있으며, 이들의 세계 시장 점유율이 90퍼센트 이상으로 평가 어젠다를 주도하고 있다. 세 회사의 지배력은 부분적으로 미국의 구조적 힘으로 기능한다. 즉 달러의 중심성, 뉴욕 금융기관의 중요성, 누가 등급을 발행할지를 결정하는 증권거래위원회의 능력이 그것이다."[160] 중국은 미국이 지배하는 신용평가는 미국의 국제 전략에 복무하며, 기존의 국제 등급 평가 방식은 중국의 부상을 제한할 것이기 때문에 미국이 '평가 담론력'을 통제한다면 중국은 금융 주권을 잃게 될 것이라고 우려한다.

2008년 글로벌 금융 위기에 부분적으로 고무된 중국은 글로벌 금융에 대한 구조적 권력을 얻기 위해 다차원적으로 노력했다. 먼저 중국은 자국 통화를 고취시키면서 점진적으로 달러 약화를 시도했다. 아울러, 서방의 금융 레버리지를 약화시키고 위안화 지불을 통제하기 위해 스위프트SWIFT 은행 간 지불 시스템의 대안을 추구했다. 마지막으로 베이징은 신용등급이 자본시장을 형성하고 국가와 기업의 운명에 영향을 미칠 수 있는 미국에 위치한 '빅3' 국가신용평가 기관들에 대한 대안을 촉진하고자 했다. 중국이 약간의 자본 통제와 규제를 유지하면서 위안화 인프라를 구축하고, 거래에서 위안화 사용을 촉진하고, 중앙은행에 위안화를 기축 통화로 보유하도록 장려하고 있다. 중국이 외국 중앙은행들이 매입할 수 있는 위안화 표시 채권을 띄우는 것과 마찬가지로, 중국의 스와프 협정 또한 달러 헤게모니를 약화시켜 다른 국가들이 투자할 수 있는 더 깊고 유동적인 위안화 자산 풀을 창출하려고 시도하고 있다. 이는 달러가 지배력을 갖는 핵심적 이유다.

중국은 위안화 해외 사용을 촉진하는 수십 개의 다양한 스와프 계약을 통해, 국제 무역에서 위안화 사용을 촉진하는 데 가장 적극적이었다. 위안화 무역 결제는 2000년 사실상 제로 수준에서 2015년 1조 1천억 달러(중국 전체 무역의 20%)까지 올랐다.[161] 미국의 구조적 힘에 대한 중국의 취약성이 부분적으로 줄어드는 것을 의미하지만 그럼에도 불구하고 스위프트 자료에 의하면 위안화는 전체 국제 결제의 1~2% 수준에 불과하다.[162] 달러 패권은 미국이 '외부에 있는 은행과 금융 기관이라 하더라도 그것들을 정책 수단으로 전환'할 수 있게 해 준다. 미국의 금융 패권은 중국이 어떻게 질서를 구축할 수 있는지에 관한 예시이자, 중국이 약화시켜야 할 위협이다. [163)

금융 대량살상무기|Financial WMD

패권국이 쇠락기에 접어들었을 때 나타나는 전형적인 현상은 헤게모니 국가의 화폐 가치 하락을 통해 나타났다. 로버트 길핀Robert Gilpin은 1975년 자신의 저서 『미국의 권력과 다국적 기업: 해외직접투자의 정치경제U.S. Power and the Multinational Corporation: Political Economy of Foreign Direct Investment』에서 패권국의 성장과 쇠퇴를 가져오는 헤게모니 현상의 배후에는 어떠한 정치 경제적 메커니즘이 작동하는지에 대한 의문을 파헤쳤다. 그 배경에는 브레튼우즈 고정환율체제의 붕괴는 그것을 뒷받침해 주던 미국의 패권적 힘이 상대적으로 약화되었기 때문이었다. 서유럽과 일본의 부상에 직면해 이전에 상대적 우위에 있던 북미의 산업 경쟁력이 약화되고, 다국적 기업의 해외 투자 증대, 베트남 전쟁 악화로 인한 재정 지출의 증가 등으로 연방준비제도이사회의 금 보유고는 갈수록 감소되는 반면, 더욱 많은 달러가 해외로 유출되고 있었다. 달러의 실질 가치 하락을 우려한 미국 동맹국들의 금 태환 요구에 응할 수가 없었기에 미국은 달러가 금에 연동된 고정환율제의 핵심 원칙을 포기할 수밖에 없었다. 설상가상으로 1973년의 1차 석유 파동도 미국의 대중동 정책에 반발하는 중동 산유국들 주도의 최초 집단 행동이며 이로 인해 유가가 4배 인상되어 심각한 인플레가 초래되었다.

2022년 현재 미·중은 치열한 패권 경쟁을 전개하고 있음을 우리는 살펴보았다. 다양한 이론들이 서로 다른 전망을 내놓고 있다. 로버트 길핀은 아마도 미국이 지금과 같이 달러에 기반한 금융 패권주의를 유지하게 될 것이라고는 예상하지 못했나 보다. 미국의 패권 쇠퇴의 여부와 중국의 패권국으로서의 부상에 영향을 미치는 많은 요소들이 있겠지만, 지금까지 그래 왔듯이 워싱턴의 글로벌 헤게모니의 가장 핵심적인 요소인 달러에 기반한 금융 패권주의가 여전히 견고하다는 측면에서 미국의 패권 쇠퇴를 예상하기에는 아직 이르다고 할 수 있다. 2022년 미 연준의 급격한 금리 인상으로 초래된 글로벌 경제 위기로 인해 중·단기적으로 미국의 달러에 기반한 금융 패권주의는 오히려 더욱 강력해질 가능성이 제기된다.

일각에서는 앞으로 달러가 기축 통화의 지위를 잃는 사태가 온다면 페트로 달러 체제의 주역이었던 사우디가 그 기폭제가 될 공산이 크다고 전망한다. 그러나 금융 패권국 미국은 그러한 사태를 절대 용인하지 않을 것이다. 비록 안보와 석유의 교환 관계가 더 이상 예전 같지는 않지만 여전히 달러 헤게모니는 미국의 정치·경제적 패권의 초석이기 때문이다. 미국이 패권을 유지하는 비결은 어떤 의미에서는 닭과 달걀의 논쟁과 유사하다. 워싱턴은 20세기 국방력, 경제력으로 21세기에는 에너지 독립성이 하나 더 추가 되면서 패권적 지위가 강화되고 있다. 그러나 앞서 언급한 것처럼 미국의 국방력과 경제력 원천의 상당 부분이 달러라는 기축 통화가 보유하고 있는 금융 대량살상무기라는 지위에서 기인하고 있다.

　국내 정치가 극심한 분열을 겪고 있고, 많은 미국 유권자들은 그들의 나라가 외부 세계에 개입하는 역할을 맡기를 원치 않고 있으며, 아세안 국가들과 남미, 아프리카에서 중국의 압도적인 경제적 영향력을 견제할 수 있을 만큼 미국이 재정을 투입할 여력이 있는지에 대해서도 의구심이 가시지 않는다는 반론도 제기된다. 그러나 앞서 살펴보았듯이 앞으로 찾아올 재정 팽창과 인플레이션의 시대는 판다보다는 독수리에게 유리하게 작용할 것으로 전망된다. 글로벌 에너지 시스템의 재편, 미국의 경제적 포퓰리즘economic populism, 지정학적 균열로 유럽연합의 장기적인 경쟁력은 저하될 것이다.[164] 중국도 예외일 수 없을 것이다. 2022년 노벨 경제학 수상자이자 전 연방준비제도이사회 의장 벤 버냉키Ben Bernanke는 "경제가 어려울 땐 헬리콥터로 공중에서 돈을 뿌려서라도 경기를 부양해야 한다."고 주장하면서 실제 양적 완화quantitative easing 정책을 추진하여 헬리콥터 벤이라는 별명까지 얻었다. 버냉키는 글로벌 경제가 침체가 오든 시스템 위기가 오든지 전혀 두렵지 않다고 언급했다. 그의 자신감은 허풍일까 아니면 견고한 저력의 표출일까? 독수리는 금 보유량에 연연하지 않고 자유롭게 달러를 찍어 내면서 덩치만 큰 판다의 추격을 힘들이지 않고 따돌릴 수 있을 것으로 전망된다. 베이징은 이미 2015~2018년 사이 월스트리트 헤지 펀드의 금융 공격으로 당시 4조 달러 상당의 외환 보유액에서 8,000억 달러를 빼앗긴 굴욕적인 일격을 경험했다.

앞으로 도래하게 될 재정 팽창과 인플레이션은 중국의 수출 주도 경제 구조에 경쟁력 약화를 불러오고, 중국이 보유한 막대한 달러 표시 자산의 가치를 감소시킬 것이다. 시진핑 독재가 초래하는 지도자 리스크로 인해 이러한 흐름이 가속화될지도 모른다. "미국은 달러 조작으로 일본 경제를 무너뜨렸고, 이 방법으로 중국의 발전을 억제하려 하고 있다."[165] 강달러의 고점은 글로벌 경기가 최저점에 도달했을 때라는 한 금융 전문가의 발언은 많은 것을 시사해 주고 있다. 그의 이러한 분석과 전망은 기본적으로 경제적 수치에 기초해 있을 것이다. 그러나 금융 대량살상 무기의 가공할 파괴력을 휘둘러 온 달러 금융 헤게모니의 역사 또한 똑같은 방향과 지점을 가리키고 있다. 바이든 행정부의 인도·태평양 정책, 동맹을 규합해 만들어 가는 중국 견제 네트워크, 중국의 첨단기술을 겨냥한 공급망 재편을 미중 패권전쟁의 틀에서 이해해야 하듯이 미 연준의 급격한 이자율 인상 조치인 파월 쇼크 또한 궁극적으로 판다를 표적으로 하고 있다.

인지적 디레버지징cognitive deleveraging

우리는 미국 금융 패권주의의 역사를 되짚어 보면서 다음과 같은 결론을 유추할 수 있다. 미 연준의 '파월 쇼크'는 살인적인 물가 상승 억제라는 표면적이고 경제적 측면을 넘어 자신들의 전략적이고 지정학적인 이해관계 증진을 도모하고 있다는 점이다. 러시아, 중국 및 이란의 목소리가 커지고 전통적인 미국의 동맹국들을 포함한 많은 국가들이 워싱턴의 요구에 과거처럼 유순하게 순응하지 않으면서 미국이 우크라이나 전쟁 방조에 이은 경제적 충격 요법을 통해 동맹국 기강 잡기에 들어갔다. 우크라이나 전쟁의 일차적인 목표는 러시아 약화이지만 더 근본적인 목적은 워싱턴의 유럽연합 길들이기를 위한 주요한 수단으로 작용하고 있으며, 어부지리로 베이징의 고립이라는 효과도 얻고 있다. 코로나를 핑곗거리로 엄청난 양의 달러를 찍어 낸 미국이 이번에는 걷잡을 수 없는 인플레이션을 빌미로 치명적인 이자율 인상 조치를 통해 전 세계에 인플레이션을 강요하고 있다.

1980년대 남미의 잃어버린 10년, 1990년대 아시아를 강타한 금융 위기의 여파, 그리고 우리에게 잘 알려져 있지 않지만 무역과 금융 자유화를 무기로 1990년대 중동 지역을 워싱턴의 금융 앞마당으로 만든 미 금융 패권주의의 속박으로 인해 현재 글로벌 경제가 속수무책으로 당하고 있다. 1980년대 및 1990년대 금융 위기를 통해 계몽된 중국은 지금까지도 자국의 자본 시장을 최대한 군건하게 걸어 잠그면서 국가 통제 아래 점진적인 자본 시장 개방을 통해 달러 패권주의의 칼날을 피해 왔다. 그러나 워싱턴은 지난 10여 년간의 저금리 기조를 통해 전 세계 부동산 시장 활황을 이끌어냈다. 다시 말해 많은 국가와 경제 주체들은 또 다시 금융 패권국이 조장해 온 빚의 함정에 빠져 버렸다. 인간은 과거의 실패를 되풀이하고 있다. 저금리easy money가 유혹하는 거짓된 '부의 효과wealth effect'에 도취되어 국내적으로 많은 사람들이 부동산 개발업자, 투기꾼, 금융 산업이 모의한 부채 함정에 속아 넘어갔다. 대외적인 측면에서도 동일한 실수를 자행하면서 우리는 미국 금융 패권주의의 부채 함정에도 다시 빠져 버렸다.

지정학의 시대로 다시 접어든 21세기 초입, 대내외적으로 더 이상 부채 함정에 빠지지 않기 위해서 정부와 경제 주체들의 금융 부채 축소뿐만 아니라 인지적 디레버리징cognitive deleveraging도 절실히 필요한 시점이다. 파월 쇼크를 인플레 억제책으로만 해석하는 것은 2020년 8월 베이루트 항구 대폭발의 원인이 레바논 정부의 위험 물질 관리 부실이라는 주장을 있는 그대로 받아들이는 것과 마찬가지로 순진하고 치명적인 오판이다. 프렌드쇼어링과 파월 쇼크로 위장해서 거세게 휘몰아치고 있는 거대한 지정학적 파고를 제대로 읽지 못하면 고래 싸움이 불러올 재난적인 부차적 피해collateral damage를 최소화할 수 없을 것이다. 또한 하이에나와 같은 야만적인 자본은 우리가 보수인지 진보인지를 구별하지 않고 물어뜯는다는 냉혹한 현실을 잊지 말아야 한다. 글로벌 정치 경제 문제에 대한 세련미sophistication 제고를 위한 진지한 관심과 노력이 없이는 대한민국의 진정한 선진국 대열 합류 가능성은 더욱 요원해질 것이다. 너무나 멋지고 소중한 아들에게 이 책을 바친다.

2022년 12월 5일 혹독한 한 해를 마무리하면서…

끝.

▪ 각주(notes)

인쇄상의 기술적 한계로 인해 불어의 경우 불어 축약을 해제하거나 불어 강세(Accent, 악성) 부호를 생략하였음을 양해해 주시기 바랍니다.

1) Jeffrey E. Garten, 'Three Days at Camp David: How a Secret Meeting in 1971 Transformed the Global Economy', Harper, July 6, 2021.
2) By Ted O'Callahan, 'How the 'Nixon Shock' Remade the World Economy', YALE INSIGHTS, July 13, 2021.
3) Jean Ziegler, 'Betting on Famine: Why the World Still Goes Hungry', The New Press, August 6, 2013.
4) Karl Marx, Grundrisse, London: New Left Review, 1973, p.539.
5) Frederic Lemaire, 'Cette dette dont les creanciers raffolent', LE Monde diplomatique, septembre 2021.
6) Georges Corm, 'Novel ordre economique mondial', 〈Maniere de voir〉, n 173, Oct-Nov 2020.
7) Anne-Dominique Correa, 'Combat de la aigle et du dragon en Amerique latine', LE Monde diplomatique, octobre 2021.
8) Board of Governors of the Federal Reserve System(US)(1973-01-02). "Trade Weighted U.S. Dollar Index: Major Currencies". FRED, Federal Reserve Bank of St. Louis. Retrieved 2019-01-04.
9) Frankel, Jeffrey(2016-04-07). "The Plaza Accord 30 Years Later". International Monetary Cooperation: Lessons from the Plaza Accord after Thirty Years. Peterson Institute for International Economics. ISBN 978-0-88132-712-0.
10) Central Bank of the Islamic Republic of Iran.
11) Mrugank Bhusari, 'Don't expect a Plaza Accord 2.0 to reverse the dollar's surge', Atlantic Council, September 7, 2022.
12) Jun Ishikawa, 'Japan made misguided policy responses after Plaza Accord: Former finance official', NIKKEI Asia, September 18, 2015.
13) Paul A. Volcker and Toyoo Gyohten, 'Changing Fortunes: The World's Money and the Threat to American Leadership', Three Rivers Press, May 18, 1993.
14) Harbey D(2005) A Brief History of Neoliberalism. Oxford: Oxford University Press.
15) Ibid.
16) Ibrahim Warde, 'Les faiseurs de revolution liberale', LE MONDE diplomatique, Mars 1992.
17) Mark Hollingsworth, Stewar Lansley, 『Londongrad: From Russia with Cash: The inside Story of the Oligarchs』, FourthEstate Ltd, London, 2010.
18) Bill Bowder, 『Red Notice: A true story of high finance, murder, and one's man fight for justice』, Simon and Schuster, New York, 2015.
19) Stephen F. Cohen, 『Failed Crusade: America and the Tragedy of Post-Communist Russia』, W.W. Norton & company, New York, 2002, David Mc Clintick, 'How Harvard lost Russia', 〈Institutional Investor〉, 13th January 2006.
20) Ibrahim Warde, 'La chasse aux oligarques russes est ouverte', LE MONDE diplomatique,

septembre 2022.

21) Oliber Bullough, 『Butler to the World: How Britain Became the Servant of Tycoons, Tax Dodges, Kleptocrats, and Criminals』, Profile, London, 2022.

22) http://isc.independent.gov.uk

23) Ibrahim Warde, 'La chasse aux oligarques russes est ouverte', LE MONDE diplomatique, septembre 2022.

24) Rory Jones, 'Russian oligarchs' private jets find refuge in Dubai but can't leave', 〈The Wall Street Journal〉, 9th April, 2022.

25) James Raymond Vreeland, 'The International Monetary Fund: Politics of Conditional Lending', Routledge, 1st edition(December 19, 2006).

26) Renaud Lambert, 'FMI, les trois lettres les plus detestees du monde', Le MONDE diplomatique, juillet 2022, pages 1, 16 et 17.

27) Joseph E. Stiglitz, 『La Grande Desillusion』, Fayard, 2003, FMI, 『la preuve par la Ethiopie』, Le MONDE diplomatique, avril 2002.

28) Renaud Lambert, 'FMI, les trois lettres les plus detestees du monde', Le MONDE diplomatique, juillet 2022, pages1, 16 et 17.

29) Anne-Cecile Robert, '글로벌 기후 거버넌스와 ESG: 2022 서울 글로벌 ESG 포럼 발표문', LE MONDE diplomatique Decembre 2021.

30) Renaud Lambert, 'FMI, les trois lettres les plus detestees du monde', Le MONDE diplomatique, juillet 2022, pages1, 16 et 17.

31) Alan Richards, 'THE GLOBAL FINANCIAL CRISIS AND ECONOMIC REFORMS IN THE MIDDLE EAST', MIDDLE EAST POLICY, VOL. VI, No. 3, February 1999.

32) Daniela Gabor, 'A step too far? The European financial transactions tax on shadow banking', 〈Journal of European Public Policy〉, vol. 23, n 6, London 2015.

33) Frederic Lemaire, 'Cette dette don't les creanciers raffolent', LE Monde diplomatique, septembre 2021.

34) Frederic Lemaire & Dominique Plihon, 'Le poison des taux de interet negatifs', LE Monde diplomatique, decembre 2019.

35) Renaud Lambert, 'La BCE doit-elle vraiment annuler les dettes publiques?', LE Monde diplomatique, juin 2021.

36) Benjamin Lemoine, Dette souveraine et classes sociales. Plaidoyer pour des enquetes sur la stratification sociale et la ordre politique produits par la dette de march, in Julia Christ & Gildas Salmon, 『La Dette souveraine』, Editions de le EHESS, Paris, 2018.

37) 'Is the world economy in a debt trap?', Special report The world economy, The Economist October 8th 2022.

38) Anne-Cecile Robert, 『La Afrique au secours de le Occident』, Alliance des editeurs independants, 2006.

39) Joseph E. Stiglitz, 『La grande desillusion』, Fayard, Paris 2002.

40) 'The IMF undergoes structural reform', The Economist, Feb 15th 2020.

41) Renaud Lambert, 'FMI, les trois lettres les plus detestees du monde', Le MONDE diplomatique, juillet 2022, pages1, 16 et 17.

42) Ibid.

43) Mathias Reymond, 'Washington seme la zizanie sur le marche europeen du gaz', LE

MONDE diplomatique', mai 2021.

44) Phillip Inman, 'Ukraine needs 'radical' reform to sustain war effort, warn economists', The Guardian, 9 September 2022.

45) John J. Mearsheimer and Stephen M. Walt, 'The Israel Lobby and U.S. Foreign Policy', Farrar, Straus and Giroux, September 2, 2008.

46) Akram Belkaid, 'Apres Kaboul, objectif Bahdad', LE MONDE diplomatique', septembre 2021.

47) Kurt Eichenwald, 'Dick Cheney's biggest lie', 〈Newsweek〉, New York, May 19th 2015.

48) John J. Mearsheimer and Stephen M. Walt, 'The Israel Lobby and U.S. Foreign Policy', Farrar, Straus and Giroux, September 2, 2008.

49) 'Blast from the past: PNAC's letter to Clinton', Daily Kos, 28th January, 2008.

50) Micah L. Sifry & Christopher Cerf, 『The Gulf War Reader: History, Document, Opinions』, Times Books, New York, 1991.

51) Eric Alterman, 'Le retour du secretaire de Etat aux sales guerres', LE MONDE diplomatique, Mars 2019.

52) Robert Kagan & William Kristol, 'What to do about Iraq', 〈The Weekly Standard〉, Washington, DC, 21th January, 2001.

53) Akram Belkaid, 'Apres Kaboul, objectif Bahdad', LE MONDE diplomatique', septembre 2021.

54) Hanieh, Adam, "The internationalization of Gulf capital and Palestine class formation", Capital & Class, 35:(1) 81-106, 2010.

55) Ibid.

56) Ibid.

57) Ibid.

58) Cheryl Payer, 'The Debt Trap: The International Monetary Fund and the Third World, Monthly Review Press, January 1, 1975.

59) Jane Harrigan, Chengang Wang, Hamed El-Said, 'The Economic and Political Determinants of IMF and World Bank Lending in the Middle East and North Africa', World Development Vol. 34, No. 2, pp. 247~270, 2006.

60) Ibid.

61) Ibid.

62) Lina KENNOUCHE et Chafik GAOUAR, 'Quel avenir pour une Algerie aujourd'hui dans la impasse ?', L'Orient-Le Jour, le 13 juin 2015.

63) Harrigan, J., El-Said, H. and Wang, C. (2006), "The Economic and Political Determinants of IMF and World Bank Lending in the Middle East, and North Africa", World Development vol. 34, no. 2, pp. 247-270, February 2006.

64) Lina KENNOUCHE et Chafik GAOUAR, 'Quel avenir pour une Algerie aujourd'hui dans la impasse ?', L'Orient-Le Jour, le 13 juin 2015.

65) 환율의 변동성을 설명하는 대표적인 이론으로 경제학자 루디 돈부쉬Rudi Dornbusch는 경제에 어떤 충격이 가해지면 단기적으로는 장기 평균 수준에서 크게 벗어나지만 시간이 지나며 점차 장기 균형 수준으로 수렴해 가는 현상을 정리했다. 외환 위기 시 원화 환율은 2배 이상 폭등한 바 있음.

66) Paul Blustein, 'The Chastening: Inside the Crisis That Rocked the Global Financial System

and Humbled the IMF', PublicAffairs, May 08, 2003.

67) Ibid.

68) 'Pushing back', Briefing America's China policy, The Economist July 17th 2021.

69) Serkan Arslanalp, Barry J. Eichengreen, Chima Simpson-Bell, 'The Stealth Erosion of Dollar Dominance: Active Diversifiers and the Rise of Nontraditonal Reserve Currencies', IMF WORKING PAPERS No. 2022/058, March 24, 2022.

70) Anne-Dominique Correa, 'Combat de la aigle et du dragon en Amerique latine', LE Monde diplomatique, octobre 2021.

71) Dominique Boullier, 'Internet est maritime: les enjeux des cables sous-marins', 〈Revue internationale et strategique〉, vol. 3, number 95, Paris, 2014.

72) Charles Perragin et Guillaume Renouard', 'Les cables sous-marins, une affaire de Etats', LE MONDE diplomatique, Juillet 2021.

73) Felix Blanc, 'Geopolitique des cables: une vision sous-marine de le Internet', Les Carnets du CAPS, numbre 26, Paris, 2018.

74) 'Submarine Telecoms Industry Report', number 5, Submarine Telecoms Forum, Sterling (Virginie), October 2016.

75) China and the developing world, 'Party's over', The Economist August 27th 2022.

76) Ibid.

77) Ye Yu and Zhou Yuyuan, 'Role for China-US Cooperation on Sovereign Debt of Low Income Countries?', The Shanghai Institutes for International Studies(SIIS), Wednesday, November 3, 2021.

78) 국제 관계에서 선진 채권국들이 개발도상국에 대해 인프라 프로젝트 등에 필요한 자금을 대출해 주고 이를 빌미로 채무국에 대해 정치 및 경제적 영향력을 행사하는 전략.

79) Katherien Koleski et Alec Blivas, 'China's Engagement with Latin America and the Caribbean', U.S.-China Economic and Security Review Commission, Washington, May 18th 2021.

80) Anne-Dominique Correa, 'Combat de la aigle et du dragon en Amerique latine', LE Monde diplomatique, octobre 2021.

81) Ibid.

82) Nelson Renteria, 'Responding to El Salvador president-elect, China denies it meddles', Reuters, March 14 2019.

83) Anne-Dominique Correa, 'Combat de la aigle et du dragon en Amerique latine', LE Monde diplomatique, octobre 2021.

84) 'These disunited states', 〈The New York Review of Books〉, 22th September, 2022.

85) Serge Halimi, 'Sessions americains', LE MONDE diplomatique, Septembre 2022.

86) Claude Julien, 'La paix selon M. Reagan', LE MONDE diplomatique, Febuary 1983.

87) Mathias Reymond, 'Washington seme la zizanie sur le marche europeen du gaz', LE MONDE diplomatique', mai 2021.

88) Pierre Rimbert, 'Comment saboter un gazoduc', LE MONDE diplomatique, Mai 2021.

89) 기업들이 경비를 절감히기 위해 생산, 용역, 일사리 능을 해외로 내보내는 현상인 오프쇼어링(offshoring)과 대조적으로 프렌드쇼어링은 동맹 혹은 우방국들끼리 공급망을 구축해 글로벌 공급망 교란 문제를 해결한다는 의미.

90) Christine Lagarde, 'A new global map: European resilience in a changing world keynote',

Peterson Institute for International Economics, Washington, 22th April, 2022.

91) Pierre Rimbert, 'La Ukraine et ses faux amis', LE MONDE diplomatique, octobre 2022.

92) Sebastien Gobert, 'La Ukraine se derobe a la orbite europeen', LE MONDE diplomatique, Decembre 2013.

93) Pierre Rimbert, 'Le Saint Empire economique allemand', LE MONDE diplomatique, Fevrier 2018.

94) 'The enemy of my friend', Israel and China, Middle East & Africa, The Economist July 17th 2021.

95) Ibid.

96) 'Auf Wiedersehen, Amerika!', Germany, The Economist July 17th 2021.

97) Hal Brands, 'Inflation's biggest risk is geopolitical unrest', Bloomberg, 20th January, 2022.

98) Jean PISANI-FERRY, 'La economie sous la emprise de la geopolitique', Project-Syndicat, Sep 30, 2021.

99) Philip S. Golub, 'Comment le Etat chinois a su exploiter la mondialisation', LE Monde diplomatique, December 2017.

100) Margaret Pearson, 'Governing the Chinese Economy: Regulatory Reform in the Service of the State', 『Public Administration review, 67』, Washington D.C., 2007.

101) 'Executive order addressing the threat from securities investments that finance certain companies of the People's Republic of China', The White House, Juin 3th 2021.

102) Hudson Lockett & Thomas Hale, 'Global investors place Rmb 1tn bet on China breakthrough, Financial Times, December 14th 2020.

103) Nicholas R. Lardy & Tianlei Huang, 'China's Financial Opening Accelerates', Peterson Institute for International Economics', Policy Brief 20/17, Dec 2020.

104) Marlene Benquet et Theo Bourgeron, 'La ere de la finance autoritaire', LE Monde diplomatique, Janvier 2021.

105) Herbert Feis, 『Europe: The World's Banker, 1870-1914』, Augustus M. Kelley Publishes, Clifton(New Jersey), 1930.

106) IMF Direction of Trade Statistics.

107) 'Pushing back', Briefing America's China policy, The Economist July 17th 2021.

108) Jonathan Weisman, 'Reagan policies gave green light to red ink', The Washington Post, June 9, 2004.

109) 'It's not just inflation: Protectionism risks hobbling America and its allies', The Economist October 29th 2022.

110) 'Adieu, laissez-faire', Briefing Bidenomics, The Economist October 29th 2022.

111) 김원기 대외경제정책연구원 부연구위원, 'MAFTA 재협상 의제 예의 주시를… 한미 FTA에서 다뤄질 가능성 높아', KDI 경제정보센터, 나라경제 2017년 8월호.

112) 현다정 KOTRA 멕시코 멕시코시티무역관 과장, '멕시코, USMCA 딛고 글로벌 자동차 생산 허브로 발돋움', KDI 경제정보센터, 나라경제 2021년 9월호.

113) 'Fresh factories', International commerce, Finance & economics, The Economist November 12th 2022.

114) Jonathan Wheatley, 'IMF bailouts hit record high as global economic outlook worsens', FINANCIAL TIMES, SEPTEMBER 25, 2022.

115) 'Giving up on China', Mulinational companies, Business, The Economist November 26th 2022.

116) 'House-price horror show', The Economist October 22nd 2022.

117) 'The Crack-up', Finace & economics, The Economist October 22nd 2022.

118) John Pomfret, 'Xi is leading China's aggressive new strategy, but he didn't invent it', The Washington Post, September 17, 2021.

119) By Nouriel Roubini, 'We face the mother of all stagflation crises', THE VIEW ESSAY, TIME October 24/October 31, 2022.

120) Li Yunqi, 'China's Inflation: Causes, Effects, and Solutions', Asian Survey, Vol. 29, No. 7 (Jul., 1989), pp. 655-668(14 pages), University of California Press.

121) Nouriel Roubini, 'The Stagflationary Debt Crisis is Here', Project Syndicate, Oct 3, 2022.

122) 'The end of 2%', Inflation targeting, Special report The world economy, The Economist October 8th 2022.

123) Ibid.

124) Philip S. Golub, 'Contre Washington, Pekin mise sur la finance', LE Monde diplomatique, November 2021.

125) 'Frozen out: Europe faces a crisis of energy and geopolitics that will weaken it-and threaten its global position', The Economist November 26th 2022.

126) China jitters(1), 'The property complex'-How a housing downturn could wreck China's growth model', The Economist October 2nd 2021.

127) Ibid.

128) Par Jerome Doyon, 'Que reste-t-il du communisme en Chine?', LE Monde diplomatique, Juillet 2021.

129) Neil Thomas, 'Party committees in the private sector: rising presence, moderate prevalence', MacroPolo, December 16th 2020.

130) 'Party insiders in the ranks: communists infiltrate Western consulates', 〈The Australian〉, Sydney, December 15th 2020.

131) China jitters(2), 'The political premium'-A series of policy upheavals puts off some investors', The Economist October 2nd 2021.

132) 'Xi's bing bang', Chinese capitalism, Finance & economics, The Economist November 26th 2022.

133) 'Over the great wall', China's financial opening, Finance & economics, The Economist March 20th 2021.

134) Jean-Michel Quatrepoint, 'Au nom de la loi… americaine', LE Monde diplomatique, Janvier 2017.

135) Jamie Martin, 'Is the IMF fit for purpose?', The Guardian, 1 Nov 2022.

136) JESSE COGHLAN, 'China floats idea of 'Asian yuan' to reduce reliance on US dollar', COINTELEGRAPH, OCT 14, 2022.

137) Anty, '140 million people opened 'wallets' for China's digital yuan and used it for transactions worth $9.7B', Bitcoin Exchange Guide, November 4, 2021.

138) By Mrugank Bhusari and Maia Nikoladze, 'Russia and China: Partners in Dedollarization', Atlantic Council, February 18, 2020.

139) Helene Richard et Anne-Cecile Robert, 'Le conflict ukrainien entre sanctions et guerre', Le MONDE diplomatique, Mars 2022.

140) Ibid.

141) Eric R. Mandel, 'Will US-Saudi rift benefit China and Russia?', The Jerusalem Post,

November 3, 2022.

142) Par Laure-Maissa FARJALLAH, 'Riyad et Washington: la impossible divorce?, Le Orient-Le Jour, le 11 novembre 2022.

143) Clara HAGE avec Laure-Maissa FARJALLAH', 'Pourquoi Riyad a inflige un camouflet a Biden', Le Orient-Le Jour, le 07 octobre 2022.

144) Carlotta Rinaudo, Zeno Leoni, 'China-Arab summit: What's on the table? Perhaps the future of the Gulf', MIDDLE EAST EYE, 7 December 2022.

145) OLJ, 'Xi Jinping promet a Riyad des liens renforces avec le Golfe', Le Orient-Le Jour, le 10 decembre 2022.

146) By Bret Stephens, 'Thank you, Xi Jinping', The New York Times, Oct 18, 2022.

147) Clara HAGE avec Laure-Maissa FARJALLAH, 'Pourquoi Riyad a inflige un camouflet a Biden', Le Orient-Le Jour, le 07 octobre 2022.

148) Serge Halimi, 'Une gauche desarmee face a la guerre', LE MONDE diplomatique', novembre 2022.

149) Anatol Lieven, Quincy Institute for Responsible Statecraft, 'The war in Ukraine could lead to nuclear war' Interview with Jacobin Magazine, 3nd October, 2022.

150) Valadyslav Starodubtsev, Ashley Smith, 'La revolution proletarienne', n 818, Paris, Septembre 2022.

151) Serge Halimi, 'Une gauche desarmee face a la guerre', LE MONDE diplomatique', novembre 2022.

152) 'When the chips are down' America's Asian allies, The Economist, December 3rd 2022.

153) MARK LEONARD, 'The New Tyranny of the Dollar', Project Syndicate, Oct 30, 2018.

154) 'Be swift, be bold', The geopolitics of money', The Economist, October 23rd 2021.

155) Philip Blenkinsop and Rachel Younglai, 'Banking's SWIFT Says Ready to Block Iran Transactions', Reuters, February 17, 2012.

156) 'Payments System SWIFT to Cut Off Iranian Banks', Reuters, March 15, 2012.

157) Jeremy Wagstaff and Tom Begin, "SWIFT Messaging System Bans North Korean Banks Blacklisted by UN," Reuters, March 8, 2017.

158) Hudson Lockett and Eva Szalay, 'Why the renminbi's challenge to the dollar has faded', FINANCIAL TIMES, OCTOBER 15 2019.

159) George Pearkes, 'Ukraine and Dollar Weaponization', Atlantic Council, January 31, 2022.

160) Rush Doshi, "The Long Game: China's Grand Strategy to Displace American Order (Bridging the Gap)", Oxford University Press, July 8, 2021.

161) Eswar Prasad, Gaining Currency: The Rise of the Renminbi(Oxford: Oxford University Press, 2017).

162) Rush Doshi, "The Long Game: China's Grand Strategy to Displace American Order (Bridging the Gap)", Oxford University Press, July 8, 2021.

163) Henry Farrell, "Russia is hunting at a New Cold War over SWIFT. So What's SWIFT?", Washington Post, January 28, 2015.

164) 'Frozen out: Europe faces a crisis of energy and geopolitics that will weaken it-and threaten its global position', The Economist November 26th 2022.

165) Jonathan Kirshner, "Regional Hegemony and an Emerging RMB Zone," in The Great Wall of Money: Power and Politics in China's International Relations, eds. Eric Helleiner and Jonathan Kirsher(Ithaca NY: Cornell University Press, 2014), 223.

▪ 출처(references)

- Cammett, M., Diwan, I., Richards, A. and Waterbury J. (2015), A Political Economy of the Middle East, fourth edition, Westview Press.
- Harrigan, J. (2014), The Political Economy of Arab Food Sovereignty, Palgrave Macmillan.
- Chalk, N. Jbili, A. Treichel, V. and Wilsom, J. (1996). 'Financial Sector Reform', in IMF, Building on Progresse: Reform and Growth in the Middle East and North Africa, Washington, Middle East Department, IMF.
- Abdelali, Jbili, Enders, K. and Treichel, V. (1997), "Financial Sector Reform in the Middle East", Middle East Policy Vol. VI, No. 3, Feb 1999.
- Harrigan, J. and El-Said, H. (2009), Aid and Power in the Arab World: The IMF and World Bank Policy-Based Lending in the Middle East and North Africa, Palgrave Macmillan.
- Handoussa, H. (ed)(1997) Economic Transition in the Middle East: Global Challenges and Adjustment Strategies, The American University in Cairo Press, Chpts 1 and 2.
- El-Said, H. and Harrigan, J. (eds.)(2011), Globalisation, Democratisation and Radicalization in the Arab World, Palgrave Macmillan.
- Harrigan, J. and El-Said, H. (2009), Economic Liberalization, Social Capital and Islamic Welfare Provision, Palgrave Macmillan.
- Bird, G., & Rowlands, D. (2002). Do IMF programs have a catalytic effect on other international capital flows? Oxford Development Studies, 30(3), 81-98.
- Bird, G., & Rowlands, D. (2001). IMF lending: How is it affected by economic, political and institutional factors? Journal of Policy Reform, 4, 243-270.
- Bird, G., & Rowlands, D. (2000). The catalyzing role of lending by the international institutions. The World Economy, 20(7), 967-991.
- Harrigan, J. and El-Said, H. (2009), Aid and Power in the Arab World: The IMF and World Bank Policy-Based Lending in the Middle East and North Africa, Palgrave Macmillan.
- Henry, C and R. Springborg(2001) Globalization and the Politics of Development in the Middle East Cambridge, University Press, Chpts 1, 2, and 8.
- Harrigan, J. and El-Said, H. (2009), Economic Liberalization, Social Capital and Islamic Welfare Provision, Palgrave Macmillan.
- El-Said, H. and Harrigan, J. (eds.)(2011), Globalisation, Democratisation and Radicalization in the Arab World, Palgrave Macmillan.
- Harbey D(2005) A Brief History of Neo-liberalism. Oxford: Oxford University Press.
- Hanieh A(2008) Palestine in the Middle East: Opposing Neo-liberalism and US Power, in MRzine, 19 July.
- Hanieh A(2010) Khaleeji-Capital: Class-formation and regional integration in the Middle-East Gulf. Historical Materialism 18(2): 35-76(42).
- Harvery H(2003) The New Imperialism. Oxford: Oxford University Press.
- Hakimian, H, and Moshaver, Z (eds)(2001) The State and Global Challenge, Curzon, UK. Chpts 1, 3 and 4.
- Roy S(1995) The Gaza Strip: The Political Economy of De-Development, Washingto DC: The Institute for Palestine Studies.

- Saad-Filho A, Johnston D(2005) Neoliberalism: A critical Reader. London: Pluto Press.
- Samara A(2001) Epidemic of Globalization: Ventures in World Order, Arab Nation and Zionism, Glendale, CA: Palestine Research and Publishing Foundation.
- Sklair L(2001) The Transnational Capitalist Class. Oxford: Blackwell.
- Smith P(1984) Class Structure and the National Movement Palestine and the Palestinians, 1886-1983. New York: St. Martin's Press.
- Smith P(1986) The Palestinian Diaspora, 1948-1985. Journal of Palestine Studies 15(3): 90-108.
- Alan Richards, 'THE GLOBAL FINANCIAL CRISIS AND ECONOMIC REFORMS IN THE MIDDLE EAST', MIDDLE EAST POLICY, VOL. VI, No. 3, February 1999/.
- The World Bank, Claiming the future: Choosing Prosperity in the Middle East and North Africa(Washington, DC: The World Bank, 1995)/.
- Smith P(1984) Class Structure and the National Movement Palestine and the Palestinians, 1886~1983, New York: St. Martin's Press.
- Samara A(2001) Epidemic of Globalization: Venture in World Order, Arab Nation and Zionism. Glendale, CA: Palestine Research and Publishing Foundation.
- Saad-Filho A, Johnston D(2005) Neoliberalism: A Critical Reader. London: Pluto Press.
- Roy S(1995) The Gaza Strip: The Political Economy of De-Development. Washington DC: The Institute for Palestine Studies.
- Robinson W(2004) A Theory of Global Capitalism: Production, Class and State in a Transnational World. Baltimore: Johns Hopkins University Press.
- Robison W(2007) The pitfalls of realist analysis of global capitalism: A critique of Ellen Meiksins Wood's 'Empire of Capital', Historical Materialism 15: 71-93.
- Harvey D(2005) A Brief History of Neoliberalism. Oxford: Oxford University Press.
- Harvey H(2003) The New Imperialism. Oxford: Oxford University Press.
- Hanieh A(2008) Palestine in the Middle East: Opposing Neoliberalism and US Power, in MRzine, 19 July.
- Hanieh A(2010) Khaleeji-Capital: Class-formation and regional integration in the Middle-East Gulf. Historical Materialism 18(2): 35-76(42).
- Farsakh L(2005) Palestinian Labour Migration to Israel: Labour, Land and Occupation. New York: Routledge.
- Albo G(2004) The Old and New Economics of Imperialism. In Leys C and Panitch L(eds.), Socialist Register 2004: The New Imperial Challenge. London: Merlin.
- Cafruny A, Ryner M(eds.)(2003) A ruined Fortress: Neoliberal Hegemony and Transformation in Europe Oxford: Rowman & Littlefield.
- Palloix C(1997) The self-expansion of capital on a world scale. Review of Radical Political Economies 9: 3-17.
- Abed G(ed.)(1988) The Palestinian Economy: Studies in Development Under Prolonged Occupation. New York: Routledge.
- Zimmerman, R. F. (1993). Dollars, diplomacy and dependency. Boulder: Lynne Rienner Publishers.
- Waterbury, J. (1998). The state and economic transition in the Middle East and North Africa. In N. Shafik(Ed.), Prospects for Middle Eastern and North African countries: From boom to

bust and back? London: McMillan.

- Thacker, S. C. (1999). The high politics of IMF lending. World Politics, 52(1), 38-75.
- Richards A. and J. Waterbury(2008), A Political Economy of the Middle East, State: Class and Economic Development, 3rd edition, Boulder Colorado: Westview.
- Smith, F. Jr. (1984). The Politics of IMF lending. The Cato Journal, 4(1), 211-247.
- Rowlands, D. (1996). New lending to less developed countries: The effect of the IMF. Canadian Journal of Economics, 29.
- Rowlands, D. (1995). Political and economic determinants of IMF conditional credit allocations: 1973-89. Norman Paterson School of International Affairs Development Working paper, Ottawa: NPSIA.
- Pfeifer, K. (1999). How Tunisia, Morocco, Jordan and even Egypt became IMF success stories. The Middle East Report, 29, 23-26.
- Pfeifer, K. (1996). Between rocks and hard choices: International financial and economic adjustment in North Africa. In D. Vandewalle (Ed.), North Africa: Development and Reform(pp. 26-53). New York: St. Martin's Press.
- Perthes, V. (1998). Points of differences and cases for cooperation: European critique of US Middle East Policy. Middle East Report, Fall 1998.
- Oatley, T., & Yackee, J. (2000). Political determinants of IMF balance of payments lending: The curse of the carabosse? IMF Working Paper 2000. IMF: Washington DC.
- Niva, S. (1998). Between clash and cooptation: US foreign policy and the spectre of Islam. Middle East Report, Fall 1998, pp. 26-29.
- Mussa, M., & Sabastano, M. (2000). The IMF approach to economic stabilization. NBER Macroecnomics Annual, 14, 79-122.
- Murphy, E. (2002). The foreign policy of Tunisia In R. Hinnebusch, & A. Ehteshami(Eds.), The foreign policies of Middle East States. London: Lynne Rienner.
- McGillvray, M. (2003). Modelling aid allocation: issues, approach and results. Journal of Economic Development, 28(1), 171-188.
- Leech, D., & Leech, R(2003). Voting power in the Bretton Woods Institutions. Paper presented to the Development Studies Association Conference, Glasgow, 10-12th September, 2003.
- Leech, D. (2002), Voting power in the governance of the International Monetary Fund. Annals of Operations Research, 109, 375-397.
- Knight, M., & Santaella, J. (1997). Economic determinants of IMF financial arrangement. Journal of Development Economics, 54, 405-436.
- Killich, T. (1995). IMF programs in developing countries: Design and impact. London: Routledge.
- Joyce, J. P. (1992). The economic characteristics of IMF programme countries. Economic Letters, 38(2), 237-242.
- Hubbell, S. (1998). The containment myth: US Middle East policy in theory and practice. Middle East Report, Fall 1998, p.9.
- Hinnebusch, R. (2003). The international politics of the Middle East. Manchester and New York: Manchester University Press.
- Goldstein, M. (2003). IMF conditionality: How much is too much? In M. Feldstein(Ed.),

Economic and financial crises in emerging market economies. NBER conference series(pp. 363-437). Chicago: University of Chicago Press.

- Fleck, R. K., & Kilby, C. (2001). World Bank independence: A model and statistical analysis of US influence, Vassar College Department of Economics Working Paper Series, No. 53.
- El-Ghonemy, M. R. (1998). Affluence and poverty in the Middel East. London: Routledge.
- Dreher, A., & Vaubel, R. (2004). Causes and consequences of IMF conditionality. WUSTL Economic Working Paper Archive, International Finance Series, no. 0309004.
- Dollar, D., & Svensson, J. (2000). What explains the success or failure of structural adjustment programmes? Economic Journal, 110, 894-917.
- Dallas, R. (1999). King Hussein: A life on the edge. London: Profile Books.
- Conway, P. (1994). IMF lending programs: Participation and impact. Journal of Development Economic, 45, 365-391.
- Conteh-Morgan, E. (1990). American foreign aid and global power projection. London: Dartmouth Publishing Co.
- Alesina, A., & Dollar, D. (2002). Who gives foreign aid to whom and why. Journal of Economic Growth, 5, 33-64.
- Brand, L. (1994). Jordan's inter-Arab Relations: The political economy of alliance making. New York: Columbia University Press.
- Alexander, C. (1996). State, labour and the new global economy in Tunisia. In D. Vandewalle(Ed.), North Africa: Development and reform in a changing global economy(pp. 177-202). New York: St. Martin's Press.
- Abed, G, Davoodi H(2003). Challenges of Growth and Globalization in the Middle East and North Africa.
- World Bank(2003) "Trade, Investment and Development in the Middle East and North Africa: Engaging with the World", World Bank, Washington DC. Chpts 1, 2, 3, and 4.
- Neumayer, E. (2004), "Arab-related Bilateral and Multilateral Sources of Development Finance: Issues, Trends and the Way Forward", The World Economy Feb 2004, vol. 27, Issue 2.
- Achilli, M and Khaldi, M. (1984) The Role of Arab Development Fundds in the World Economy. Croom Helm: London.
- McDermott, A. (1990) "Arab Indebtedness-a Burden for the 1990s", Arab Affairs, vol. 1 no. 11.
- Owen R. (1993) "The Transformation of Systems of Economic and Political Management in the Middle East: the Lessons so Far", Review of Middle Eastern Studies, no. 6.
- El-Said, H. and Harrigan, J. (2014), "Economic Reform, Social Welfare, and Instability: Jordan, Egypt, Morocco and Tunisia, 1983~2004", Middle East Journal, vol. 68, no. 1, winter.
- Mossallem, M. (2015), "The IMF in the Arab World: Lessons Unlearnt", Btetton Woods Project, Btettonwoodsproject, IMF Policy in the MENA region.
- Alissa, Sufian. (2007). "The Challenge of Economic Reform in the Arab World." Carnegie Papers, Carnegie Middle East Center, Number 1, May.
- Dasgupta Dipak, Jennifer Keller and T.G. Srinivasan(2001). "Reform and Elusive Growth in the Middle East: What has happened in the 1990's?" Middle East and North Africa Working Papers Series, No. 25, World Bank, Washington DC, July.
- International Monetary Fund. (2003). "Fulfilling a Promise: Reform Prospects in the MENA region." IMF, Washington DC.

- Pfiefer, K. (1999) "How Tunisia, Morocco, Jordan and even Egypt became IMF Success Stories", The Middle East Report, 210, vol. 29, pp. 23-26.
- Page, J. (1998) "From Boom to Bust-and Back? The Crisis of Growth in the Middle East and North Africa" chpt. 5 in Shafik(N)(ed.) Prospects for Middle East and North African Economies: From Boom to Bust and Back? Palgrave: Basingstoke.
- Kirkpatrick, C., Clarke, R. and Polidano, C. (2002), Handbook on Development Policy and Management, Chpt. 15 "Financial Sector Policies", Edward Elgar.
- World Bank(2011), Financial Access and Stability: A Road Map for the Middle East and North Africa. World Bank, Washington DC.
- World Bank(2006), MENA Economic Developments and Prosepcts 2006: Financial Markets in a New Age of Oil. The World Bank, Washington DC.
- Creane, S., Rishi, G., Mobarak, A.M. and Sab, R. (2004), "Financial Sector Development in the Middle East and North Africa", IMF Working Paper, Washington DC.
- Berthelemy, J-C. (2004), "Have Middle East and North Africa Countries Achieved a Critical Mass of Change in their Financial Systems?" Savings and Development, vol, XXVIII no. 2 p. 107.
- Nashashibi, K., Elhage, M. and Fedelino, A. (2001), "Financial Liberalization in Arab Countries" in Macroeconomic Issues and Policies in the Middle East and North Africa, ed. Zubair Iqbal, International Monetary Fund: Washington DC.
- Richards, A. (1999), "The Global Financial Crisis and Economic Reform in the Middle East", Middle East Policy Vol. VI, No. 3, Feb 1999.
- Boone, C. and Clement, H. (2004), "Neo-liberalism in the Middle East and Africa: Divergent Banking Reform Trajectories, 1980s to 2000", Commonwealth and Comparative Politics, pp. 356-392.
- Raja Khalidi and Sobhi Samour "Neoliberalism as Liberation: The Statehood Program and the Remaking of the Palestinian National Movement" Journal of Palestine Studies Vol. XL, No. 2(Winter 2011), pp. 6-25.
- Adam Hanieh, (2013) Lineages of Revolt: Issues of Contemporary Capitalism in the Middle EAST(Haymarket Books), pp. 99-122.
- Jonathan Nitzan and Shimshon Bichler(2002), The Global Political Economy of Israel, Pluto Press pp. 84-133(Chapter 3).